U0929457

万卷书蠹文丛

最难舍者惟书册

王国维的读书生活

李庆本 著

北方联合出版传媒（集团）股份有限公司
万卷出版公司

图书在版编目（CIP）数据

最难舍者惟书册：王国维的读书生活 / 李庆本 著.
— 沈阳：万卷出版公司, 2018.10
（万卷书蠹文丛）
ISBN 978-7-5470-5044-6

Ⅰ.①最… Ⅱ.①李… Ⅲ.①王国维（1877—1927）—生平事迹 Ⅳ.①K825.4

中国版本图书馆CIP数据核字(2018)第187759号

出 品 人：刘一秀
出版发行：北方联合出版传媒（集团）股份有限公司
万卷出版公司
（地址：沈阳市和平区十一纬路25号 邮编：110003）
印 刷 者：天津旭丰源印刷有限公司
经 销 者：全国新华书店
幅面尺寸：145mm×210mm
字 数：210千字
印 张：8.75
出版时间：2018年10月第1版
印刷时间：2018年10月第1次印刷
责任编辑：胡 利
责任校对：张希茹
封面设计：范 娇
版式设计：万晓春
ISBN 978-7-5470-5044-6
定 价：42.00元
联系电话：024-23284090
传 真：024-23284448

王国维像

王国维（左）与罗振玉（右）合影

古今之成大事業大學问者罔
不经過三種之境界昨夜西风凋
碧樹獨上高樓望盡天涯路此
第一境界也衆裏尋他千百度
回頭驀見那人正在燈火闌珊處此
第三境界也然豈易得哉今之學
人但有第二境界即衣帶漸寬終
不悔為伊消得人憔悴即可名世
成家豈今不古耶
甯次郎兄大正　海甯王國維

王国维读书“三境界”手稿墨迹

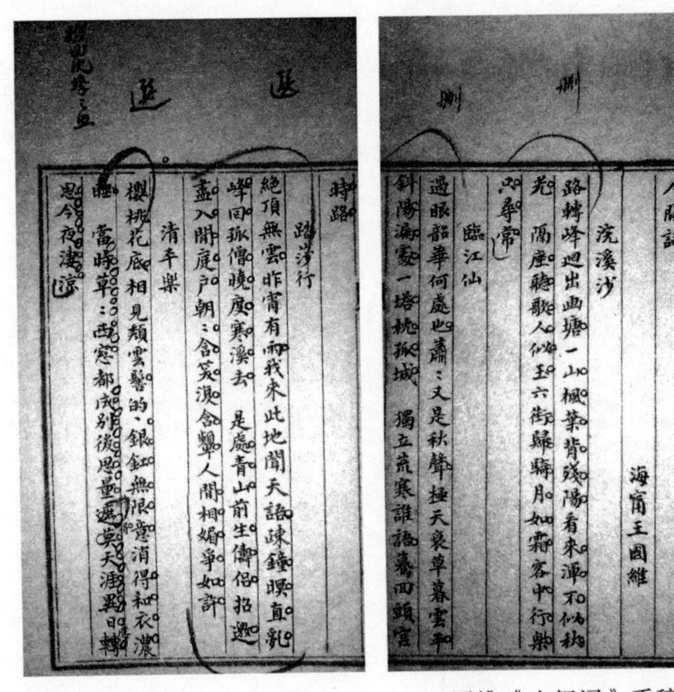

王国维《人间词》手稿墨迹

序

“书”的本义是“书写”，后来引申为“书写的文本”。早期的“书”是写在简、牍或丝帛上的，即所谓“书之竹帛”。“书之竹帛”是为了“传遗后世子孙”，向同时代的人或后人传递讯息。古往今来，书籍的载体已经由简帛转变为纸张乃至电子数据，而书籍所承载的，不外乎知识、记忆、情感与思想。

战国时代的惠施博学多闻，相传他的书（当时是写在简牍上的）足足装了五辆车，这便是“学富五车”的来历。书是文化的载体，也是知识的载体，人类文明之所以能代代相传，知识之所以能不断累积，很大程度上靠的是书籍的力量。书籍是学问的代名词，饱读诗书者，也便是硕学之士。

与印度等古代文明不同，我们的祖先历来注重历史的记录，形成了以二十四史为核心的记史传统。中华文明之所以绵延不绝，在世界文明之林中独树一帜，一个重要原因便是汉字的连续发展以及以此为基础的记忆传承。而历史记忆的作用，正在于明得失、知兴替。

在书籍中，我们同样能看到一个个鲜活的人。他们的喜怒哀乐转化为文字，千百年后仍有震撼人心的力量，引发我们的共鸣。即便是典正古雅的“诗三百”，同样能窥见先人的悲喜。唐诗宋词，无不是情感的流露。这些文字汇聚起来，又能激荡起时代的脉动与情绪。

“书”最初偏重于实用性较强的文体，《尚书》之“书”本来是公文。但《尚书》之所以被人世代传诵，根本原因在于其思想性。从先秦诸子到近代新文化先驱，他们前赴后继，高擎思想的火炬，点燃民族的奋进之路。

中华民族历来敬畏知识、记忆、情感与思想，也便敬畏书。敬畏书，也便好读书，并敬重好读书的人。书籍对于我们来说，并不是一种简单的物品，而是蕴涵着宇宙、人生之道，记载着我们的过去、现在并描绘着将来，展示了社会、生活和个体生命情感的无限丰富性，承载着人类的精神文化创造的灵性之物。因此，在很大程度上，我们更愿意将书看作是一种生命的延续，一种使生命达到不朽的途径。

书是用来读的。没有阅读，书的意义便不复存在，或者至少其意义要大打折扣。明人于谦曾经作过一首《观书》诗：

书卷多情似故人，晨昏忧乐每相亲。
眼前直下三千字，胸次全无一点尘。
活水源流随处满，东风花柳逐时新。
金鞍玉勒寻芳客，未信我庐别有春。

在读书人的眼中，书卷无异于多情的故人。有书卷陪伴，无论快乐的还是忧伤的光阴都可以安然度过；有书卷存在，可以使屋舍生辉，心生欢喜；有书卷在胸，内心得以充盈，思想得以绽放。读书人泛舟书海，博览群籍，好读书，读好书，会读书，刻意用功，发愤图强，乐而忘苦，终生与书本相伴。他们读书、藏书、抄书、著书，思于书，劳于书，苦于书，乐于书，正所谓“衣带渐宽终不悔，为伊消得人憔悴”。读书丰富了他们的知识，提升了他们的人格，陪伴他们走过了自己的生命之旅，帮助他们成就了人生的事业。更有那勤学敏思、才胆识力卓出者，于“灯火阑珊处”发现了宇宙之道，参悟了天人之义，建构起了自己的思想和价值情感世界，因而著书立说，以其一家之言而泽被后来的读书人。

读书造就了一代又一代的圣哲通儒、仁人志士、学术大师、文章大家，远者不说，仅我国近、现代以来读书人中所产生的伟人志士、大师名家就可以开列出一个长长的单子，他们犹如璀璨的繁星，照亮着20世纪以来中国思想、文化的夜空。他们身处社会剧变、民族危亡、文化转型的历史关头，于是将自己的事业与民族、国家的命运紧紧地联系在一起，或者投身于炽热的社会现实斗争之中，以笔为枪、以纸为旗，用自己的学识为中华民族的振兴、社会的发展进步和新思想、新文化的诞生与发展做出卓著的贡献；或者埋首于中外浩如烟海的典籍之中，在学术文化领域辛勤耕耘，默默地奉献着自己的才智，以其丰硕的研究或创作成果维系和延伸着中华民族的学脉、文脉，从而推动了现代以来中国学术文化事业的发展。无论属于何种情况，他们都是在为民族和国家的救亡与启蒙、解放与振兴以及学术文化的发展兴盛写心立言。在他们身上，“经世致用”这一中国知识分子读书治学的优良传统得到了充分的体现。

摆在我们面前的这套丛书，便是一组读书人的文化群像。他们包括王国维、梁启超、陈寅恪、吴宓、鲁迅、胡适、林语堂、郭沫若、钱钟书这些时代巨子。他们好读书，勤著书，为传承、发展我们民族的文化奉献一生，是中华民族的文化精英与楷模。了解他们的读书生活，知道他们读书生活中的点点滴滴，与阅读他们的著作一样，照样可以走进他们的思想、精神、情感世界之深处。因此，这套丛书选取“读书生活”这一特定的角度，通过叙述这些名家大师如何读书、写书、购书、藏书、爱书，以及介绍他们的家学渊源、师承关系、访学交游、讲学课徒等侧面，来展现他们的读书方法、治学特点以及事业成就。对于这些巨匠的读书生活，我们得以有更直观、深切的感受。

在写作风格方面，本丛书则尽量追求实录性和情境化，着重围绕这些现代学术文化史上的巨匠们在读书生活中所发生的种种趣闻美谈、掌故逸事，以见出他们的人生志向、精神境界和生活风貌。这些文化巨匠的读书治学、人生经历和事业成就本身，也无不反映出近现代以来中国思想、文化、学术曲曲折折的发展道路和复杂多变的特点，从中可以寻绎出现代中国思想、文化、学术形成和发展的脉络与经验。因此，介绍这些名家大师的读书生活，实际上也就是对20世纪中国思想、文化和学术史进行一种特定层面、特定角度和特定方式的描述；了解这些名家大师的读书生活，在一定程度上也就是对20世纪中国思想、文化和学术风云变幻历史的一次回顾与反思。

这些名家大师的读书方法、思想方式、治学特点，以及他们的人生追求、理想目标、生活情趣和精神境界，作为一种参照系统和历史经验借鉴，对于今天和未来的热爱知识与学问，热爱书籍，从而有志于读书、治学的读者朋友而言，无疑是大有裨益的。在强调“全民阅读”的今天，读什么书、如何读书仍是大家所关注的话题，互联网文化的扩张和智能手机自媒体的广泛应用，虽然给人们获取信息提供了诸多便利与更多的选择，但是同时又导致了阅读的浅表化、碎片化、快餐化，从而给读书带来了巨大的冲击，尤其是在阅读经典、经典化阅读方面，所受到的影响更加严重。

有些人说现在的社会太浮躁，很少有人会静下心来读书。我们何尝不能说，正是因为读书太少，有些人的心不复宁静？腹有诗书，内心自会充盈，也自会以更自信的心境审视周遭的世界。正是从这些名家大师的身上，从这套丛书中所展示的文化大家的读书生活中，我们或许能获得诸多人生的教益，能找到自己想要的关于生命价值何在的答案。

本丛书采撷那些在读书治学方面堪称斫轮巨匠的名家大师们在书海中泛舟的点点帆影，来再现他们的神采风姿，以此奉献给读者，并且希望它们能陪伴读者朋友们度过一段快乐的读书时光。如果这一初衷能够实现，对于我们来说则是再幸运不过的事情了。

党圣元

2018年9月于北京

目　录

序 / 党圣元　1

钱塘江畔，诗书传家　1

弃科举，初露少年气　10

“时务”谋生，倾心新学　17

动荡中求学，幸获赏识　22

践行诺言，初尝译书　30

东瀛游学归来，踏入《教育世界》　36

专心西哲，解人生之困　41

涉猎英国经验主义哲学　51

研读康德从叔本华开始　61

“玉女灿然笑，照我读异书”　67

叔氏哲学解“红楼” 74
叔本华与尼采之书对照而读 82
以“西方眼睛”观诸子之书 89
托翁中译之嚆矢，西著译述之先锋 97
中国现代心理学之父 110
从哲学到文学的嗜好之变 117
词话“人世间”，读书“三境界” 124
词山曲海，手钞手校 132
胸怀戏曲之志，《曲录》钩沉拾遗 144
溯戏曲之源，考戏曲流变 152
东渡流亡，新著迭出 165
总结著述，开拓新境界 174
为汉简研究立开拓之功 183
甲骨文与金文的研读考释 192
屡动归念，不忘学研 201
学术主笔，窘困哈园 208
颇费周折的《魏石经考》 216
登上光辉顶峰的甲骨研究 223

尽览传书堂藏书 232

南书房行走，种下遗老嫌 238

长辫子教授的清华生活 246

最难舍者惟书册 254

主要参考文献 258

后　记 / 李庆本 260

钱塘江畔，诗书传家

1877年，是农历丁丑年。在清末的多事之秋，这一年的确显得非常平常而又安静。一方面，旧的危机刚刚过去；另一方面，新的危机还没到来。这一年，大清光绪皇帝刚登位三年，大权仍在太后慈禧手中。从前方传来消息说，左宗棠的大军已接连收复了新疆各地，叛乱、分裂首领阿古柏服毒而死，这的确是一个少有的好消息。在大清历史的末期，类似的好消息已经很少听到了。往前数，1840年，鸦片战争爆发，中国丧地赔款，大清帝国的脸面丢失殆尽；1851年，太平天国起义，内战波及大半个中国，历时长达十四年之久，虽说费了九牛二虎之力总算把战火扑灭，但随着一帮“汉臣”的崛起，的确又在满族王公贵族的心中更加了一层担心和忧虑。往后数，1894年，中日甲午海战爆发，中国海军全军覆灭；1900 年，庚子事变，八国联军进京，慈禧太后和光绪皇帝仓皇西逃，大清朝的政权已处于风雨飘摇之中，而此时离 1911 年的辛亥革命、清政府的彻底垮台也为时不远了。但不管怎样，此时的大清国，还属太平之世。经过几年的惨淡经营，出现了史书上所谓的“同光之治”。

这一年，对于浙江海宁州城双仁巷的一个普通的家庭——王家来说，也是一个值得纪念的年份。就在这一年的十月二十九日（公历 12 月 3 日），这家的长子出世了，他就是日后饮誉国内外的学术大师王国维。这一年，父亲王乃誉正好刚过三十（他生于清道光二十七年丁未，即 1847 年），虽说五年前，妻子凌氏已为他生下一女，但在重男轻女的传统观念中，儿子的出世，意味着人丁兴旺、香火有续，它可以给人带来更大的成就感。对于饱经离乱之苦的王乃誉来说，中年得子给他带来的欢愉是不言而喻的。

浙江海宁，地处钱塘江口杭州湾北岸。这里自古人杰地灵，民风质朴。《海宁县志》中记述其乡风民俗说：“农耕妇织，家足自给，俗尚敦悫，鲜有游惰。”海宁潮素称天下奇观，据说，农历的八月十八日，是一年一度最好的观潮日子，只要登上海塘大堤，便能亲眼看见两丈多高的白浪翻滚的“城墙”。其“城墙”宛如千万匹白色战马齐头狂奔，那铁蹄敲打出来的声音好似山崩地裂，蔚为壮观。宋人苏轼有诗说：“八月十八潮，壮观天下无。”唐刘禹锡诗说：“八月涛声吼地来，头高数丈触山回。须臾却入海门去，卷起沙堆似雪堆。”白居易也有诗说：“早潮才落晚潮来，一月周流六十回。不独光阴朝复暮，杭州老去被潮催。”盐官的镇海塔至观潮亭（今称中山亭）一带，一向是观潮最佳地段，每年的农历八月中旬，来这里观潮的人比肩接踵。

在清朝的三百年间，海宁一地学人辈出，单单是盐官陈氏一门，就曾先后出过举人一百零三人，进士三十二人，官至尚书、侍郎者十三人，位居大学士者三人（顺治朝弘文院大学士陈之遴，雍正朝文渊阁大学士陈元龙，乾隆朝文渊阁大学士陈世倌），还有工部尚书陈永、礼部尚书陈诜等。因此陈家有“一门三阁老，六部五尚书”之誉。海宁学风之盛闻名遐迩。

王氏旧宅所在地“双仁巷”，因为巷内有“双仁祠”而得名。“双仁祠”是祭祀“二颜”——唐大书法家平原太守颜真卿及其从兄杲卿之祠。杲卿便是文天祥《正气歌》中所称颂的“常山舌”——起兵讨伐安禄山、兵败被俘、骂贼而死的颜常山。

在浙江海宁，王家也一度曾是显门大户。北宋时，王家的原籍在开封，远祖王圭曾是当年的一员勇将，号“王铁鞭”，官至泾原路行营都监。庆历年间，随大将任福征西夏，最后战死沙场，赠金州观察使。《宋史》卷三百二十五、列传《任福》附有《王圭传》。王圭有三个儿子，即王光祖、王光世、王光嗣。王光祖也有三子：王襄、王亶、王禀。《宋史·王光祖传》中讲：“光祖，以梓夔钦辖平西南夷，御吐蕃有功，历官泾原河东定州路副总管。”可以说，王氏远祖累世皆有战功，而其中最为壮烈的还当数王禀父子。宋宣和年间，王禀率部参与了“生擒方腊于帮源山”之役，后以侍卫亲军马军副都指挥使领河东路马步军副总管，驻守太原。靖康元年九月初三日，太原陷落。当时，太原城已被金兵围困了二百五十天，城内给养已尽，兵丁也多战死，但王禀仍率领老弱残兵与金人进行巷战，以至“身被数十创”，“遂入太原庙中负太宗御容”，与儿子王荀一起赴汾水而死。为表彰王禀的忠勇，宋高宗赵构南渡后，追封王禀为安化郡王，赐谥“忠壮”。绍兴六年，又诏赐健康良田四十顷，白银五百两。王禀之孙王沆，随高宗南渡，袭安化王爵，赐地盐官，从此为海宁人。

在中国古代，家庭既是每个人的经济来源，又是精神支柱。光祖耀宗，荫被子孙，这是每个人都孜孜以求的，而修家谱也就成为流传于民间在官方编修正史之外的又一文化景观。北宋时，王氏先祖四世均以战功显，而三世死国难，这一段历史已足够让王氏的后人引以为自豪了。王乃誉在他的日记中数次提到要抄写“安化家谱”或“抄家谱”，又自称是“宋安化郡王三十二世裔孙”，并刻成朱文图章，印在自己的画石著作《可人》一册的序言后。王国维也曾撰写过《补家谱忠壮公传》《〈宋赵不泠墓志〉跋》等文来纪念他的先祖。

在海宁城南，曾有一座清远楼，就是当年王沆所建。文天祥曾登楼远眺，缅怀王禀祖孙的事迹，写下了这样的诗句：

高阁晴空上，登临忆旧游。竹床虚卧月，松户半扃秋。山截鸟飞处，江流天尽头。相留唯少憩，玄思得冥搜。

在城西北，又有一座王氏园，也是王沆所建。当年，王沆招徕文士墨客，诗酒流连，极尽一时之盛。

然而，自南宋以后，王氏家族逐渐由兴盛转为衰落，王国维在《先太学君行状》中记述："自宋之亡，我王氏失其职，世为农商，以迄于府君。"从元代到清道光咸丰年间七百年间，王氏家族虽未曾中断读书，但基本上没有超出过"国学生"的。虽然如此，被南宋王朝封为"安化郡王"的王禀，以及跟随宋高宗南渡的王沆，仍长期得到当地人们的敬仰，王氏家族也被看成是海宁的"巨族"。海宁城内为纪念王禀而立的"安化王祠"，数百年间香火不断，至20世纪20年代依然存在。王国维在少年时代还曾见到过当地人们每年秋季为纪念王禀等先祖所发的"祭期单"。

王氏一脉传至王乃誉，已经没有多少可以夸耀之处。再加上碰上战乱，家业已败落殆尽，因此王乃誉的幼年时代是在贫困交加中度过的，几乎沦落为乞丐。幸亏有一位亲戚在江苏溧阳县当县令，靠着这一层关系，王乃誉才在县衙门中谋得一个师爷的职位。

多少年之后，王国维这样追忆他的父亲："府君（旧时对父亲的尊称）少贫甚，又遭'粤匪'之乱。年十三，随先本生曾祖父、先大父避兵于上海。既而先曾祖父、先大父相继物故，君号咷呼吁，匄（丐）于亲故以敛。后益转徙，无聊，逐习贾于茶漆肆。'粤匪'既平，其肆自上海迁于宁之硖石镇，君始得于贸易之暇，攻书画篆刻、诗古文辞。会戚属有令江苏之溧阳县者，延府君往佐之，前后凡十余年。由是遍游吴越间，得尽窥江南北诸大家之收藏，自宋元明国朝诸家之书画，以至零金残石，苟有所闻，虽其主素不识者，必叩门造访，摩挲竟日而去，由是技益大进。"①

从这段追忆中，我们可以知道，王乃誉实在是一位身处乱世、家遭不幸而能自已发奋振家的人。同时也可了解到，日后王国维对于诗词、金石之学的兴趣，实在也是得由父亲的遗传。总之，靠着父亲亦吏亦贾，这时候，家境略有改观，勉强成为衣食无忧的中产之家。

---

① 王国维：《先太学君行状》。

作为大清国的子民，王乃誉可以说真正做到了“位卑未敢忘忧国”，尤其是对于当时中国的变法自强，更是寄予了特别大的热情。王国维说：“君自光绪之初，睹世变日亟，亦喜谈经世之学，顾往往为时人所诟病，闻者辄掩耳去，故独与儿辈言之。今日所行各新政，皆藐孤等二十年前膝下所习闻者也。”[①] 王国维后来能够倾心于新学，应该说也是与这位喜谈经世之学的父亲的影响分不开的。

王乃誉死于1906年，王国维为纪念父亲所作的一篇家传《先太学君行状》也写于这一年。这个时候，王国维已经是近三十岁的人了，对于人情世态已有了较深的了解。从这篇家传可以看出，王国维对父亲是充满敬仰之情的，他感叹道：“呜呼！君于孤贫之中，阛阓之内，克自树立。其所成就，虽古人无以远过，而年不跻于中寿，名不出于乡里，是亦可哀也已。”对父亲的成就得不到社会的承认，哀怨惋惜之情溢于言表。

王乃誉在学业上达到了“虽古人无以远过”的成就，著述甚丰，可惜大多未能刊行。据王国维追忆，他的著作有《游目录》十卷，又有《诗集》二卷，文若干篇。他的《游目录》是他“就平生所见近人书画，考其姓名爵里，且评隙（骘）其所诣”写成的，代表了他一生的心血。王乃

① 王国维：《先太学君行状》。

誉的《诗集》二卷，现在已无法见到其全貌，只能从他的《日记》杂著中看到其中的几首。如作于1891年的《元旦口号示两儿》的七律中，有“敢羡牡丹闲富贵，须知巨梗撼风雷”之句，可以看出他对国维、国华两兄弟的殷切期待。其《咏月季》一绝云：“微姿不畏署霜侵，淡淡风神薄薄阴。一月十星论品价，百年当许值千金。”另如《斜川夜泊》中的“霜清更鼓健，月白网船移”，《偶成》中的“名无才禄强称稳，胸少权奇合受贫”之句，也各有一定的情致。除上述著述外，还有《竹西卧游录》一册，《画粕》三册，《题画诗》一册，《可人》一册，《古钱考》三册，以及日记数十册。

王乃誉在书画艺文方面对儿子的亲身教育，做得极其认真。他十分重视书画之类基本技法的传教，而且还将它与培养儿子的品格结合起来。如1891年正月十三日记：“初为静（静安，王国维的字）指示作字之法。……盖久闲欲骤坐定甚难。可知懒惰害人，而人不自觉，犹马之脱辔、鹰之脱鞲，一纵不可复收。少年宜自惩戒也。”王国维一生，虽不以书法见长，但凡他所书，多为小楷，皆“端厚”有书卷气，这与父亲在他幼年时候的严格要求是分不开的。

王乃誉有思想，有学识，擅长书画金石，诗文也颇有修养，还会唱曲、吹箫。王国维就是在这样一位父亲的直接影响下度过了他的幼年生活的。父亲是他的第一位启蒙老师，他从父亲那里得到的收益是非常多的，甚至影响了他的一生。而最重要的是，王乃誉并没有经过正规的学习，他在学业上取得的成就完全是靠他自学得来的。这一点，跟王国维的经历十分相似，王国维本人也没有受过多少正规的教育。父亲自学的经历、自学的方法，不正是激励他在日后的“独学”中能够成就大学问的精神来源吗？

所以，在王国维去世后，他的异母兄弟王国华这样追忆说：“先兄一生淡名利，寡言笑，笃志坟典，一本天性，而弱冠内外，其有承于先君子者尤众。”①

王国维的确没有辜负父亲的厚望，在王国维的一生中，他在美学、哲学、诗词学、经史、甲骨文等领域都取得了丰硕的成就，他是中国近代美学的奠基者，他的《人间词话》现已成为大学中文系学生的必读之课，其《宋元戏曲史》被郭沫若称为近代文学史的开山之作，他的甲骨文研究更是誉满国内外，梁启超在《历史研究法》中称他是古文字研究的第一人。在今天，王国维的学术成果已越来越为人们所敬仰，而每年到浙江海宁王国维纪念馆来瞻仰的人也是络绎不绝。

---

① 王国华：《王静安先生遗书序》。

弃科举，初露少年气

在王国维四岁那年，王家又发生了一次大变故。王国维的生母因病不幸去世，此时，王国维才离襁褓不久，母亲的去世无疑给年幼的王国维心灵中投下了深深的阴影。有人分析，王国维一生忧忧寡欢，很可能就与他早年缺少母爱有关。父亲又要经常远出，所以只好将他交给祖姑母及叔姑母抚养。1883 年，王国维长到七岁的时候，开始入私塾读书。启蒙老师是本邑庠生陈绶昌。当时所学的课程，无非以《神童诗》《三字经》《幼学须知》等发蒙，稍大一点，便要读“六经”。但王国维对于这些，实在提不起多大的兴趣，更为他所倾心的是家中所藏的那些“闲书”。他后来回忆说:“家有书五六箧，除《十三经注疏》为儿时所不喜外，其余晚自塾归，每泛览焉。”① 尽管我们现在已无法知道他这时所读的是些什么书，但有一点可以肯定，绝不是一些以科举为目的的像《十三经注疏》之类的书。

王国维幼年丧母，书伴随着他度过了儿时那段寂寞的日子，他也从书中得到很大的慰藉，并逐渐培养起读书的兴趣。在王国维早年所撰写的关于教育与美育的文章中，曾反复引证过《论语·先进》中的一段话：“莫春者，春服既成，冠者五六人，童子六七人，浴乎沂，风乎舞雩，咏而归。”他对这种境界心向往之，并力图付诸行动，而对于以科举为目的的“死读书”却大不以为然。

1885 年，王国维九岁的时候，父亲续娶本邑叶砚耕之女叶氏为继室。当时，王乃誉还在溧阳县充公幕，家中的一切便由叶氏掌管。据王国维少年时期的好友陈守谦回忆，他们几位少年好友经常聚会，海阔天空，谈古论今，颇有当年孔子所讲的“童子六七人，浴乎沂，风乎舞雩”的潇洒之致。但当吃饭时间，朋友要留王国维共餐，他都婉言谢绝。朋友们也非常体谅他，知道他家“后母主馈，日晡家人当会食”，他不能不回，这样做的目的是“承后母欢也”②。可以看出，王国维对这位后母还是颇为敬畏的。

---

① 王国维：《静安文集序编·自序》，简称为《三十自序（一）》。

② 陈守谦：《海宁王忠悫公哀挽录》。

1886年，王家迁居到城内西南隅周家兜新宅。此宅是一座坐北朝南的二进瓦屋，前进三间平房，后进有两层，一式三间。楼房窗口对着杭州湾，可以看到海潮起落。后来，这座住宅被辟为“王国维故居”，成为人们瞻仰国学大师王国维的地方。不过这已经是1982年的事了。

1887年，王国维十一岁的时候，他的祖父去世。王乃誉回家奔丧，从此便辞去在溧阳的公职，在家专心致志地督促王国维读书。每天，王国维从私塾回来，父亲便拿出家中所藏的图书，亲自指导儿子诵读，以至到深夜也毫无倦意。为了让王国维受到更好的教育，他还让王国维改换私塾，聘请陈寿田先生为塾师。陈寿田是近代著名科学家李善兰任总理衙门同文馆天文算学教习时的学生。在陈寿田的教授下，王国维除了继续读“四书”“五经”之外，每月又增加必读骈散文、古今体诗若干首。这是他治诗文的开始。由于王国维天赋极高，所以所学的“诗文时艺，早洛洛成诵”。在当时，学八股，治举子业，考取功名，是学人士子唯一的进身之路。王国维当然也不例外，他于1892年参加岁试，以第二十一名入“州学”。

所谓岁试，就是每年举行一次的科举考试，中试者为“秀才”，这在当时是取得塾师教职的合格“学历”。王国维以少年得中秀才，再加上博览群书，所以名噪乡里，并与褚嘉猷、叶宜春、陈守谦一起，被当地人称为“海宁四才子”。王国华追述：“（先兄）年十六，入州学，好史、汉、三国，与褚嘉猷、叶宜春、陈守谦三君上下议论，称‘海宁四（才）子’。”陈守谦追忆说：“余长君五岁，学问之事自愧弗如。时则有叶君宜春，褚君嘉猷者，皆朝夕过从，商量旧学，里人目为‘四才子’，而推君为第一。余最浅薄不足道，而君才之冠绝侪辈，叶、褚二君亦迄无间言。余时饭城南沈氏，距君家仅里许，无一日不相见，见辄上下古今，纵论文史；或校勘疑误，鉴别异同；或为词章，彼此欣赏。”据《海宁州志稿》：褚嘉猷尝留学日本早稻田大学，习法政，1910年“学部试验，钦赐举人”。陈守谦为附贡生，曾任江西石城知县，旋调大庾知县、候选知府。叶宜春生平不详。而在四人中，王国维嗜好文史、擅长校勘、精于词章，显得尤为出类拔萃。看来，王国维前面的路将会是一帆风顺的，他完全可以凭着自己的才华，考取功名，然后做官，光宗耀祖，走一条传统知识分子走了几千年的人生之路。

但也就在他考取秀才的那年，一个偶然的机会，使他的人生轨迹发生了偏离。一次，他看到一位朋友在读《汉书》，这引起了他极大的兴趣，翻看之余，爱不释手，便用自己从小积蓄的压岁钱，在杭州书肆一口气买下了《史记》、前后《汉书》和《三国志》，即所谓的“前四史”。王国维买下这套书，欣喜之情，难以言表。王乃誉在日记中写道：“静儿……以市秘本《汉书》，其意欣然。”王国维自称这才是他“平生读书之始”，而以前埋头八股之中，在他的心目中，根本算不上是“读书”。从此他便再也不在意科举功名了。王国维在《三十自序（一）》中说：“十六岁，见友人读《汉书》而悦之，乃以幼时所储蓄之岁朝钱万，购‘前四史’于杭州。是为平生读书之始。”又说：“时方治举子业，又以其间学骈文散文，用力不专，略形似而已。”也就是说，虽然此时王国维仍然没有能够摆脱他所不喜欢的“治举子业”这样的事情，但他的心事已基本上不在这上面了，所以用力不专，只是应付而已，这就导致了他两次参加乡试都没有成功。第一次是在1893年，王国维赴杭州应乡试，以“不喜帖括之学”，不终场而归。第二次是在1897年，他再次赴杭州应乡试，仍然是未中而归。

所谓“乡试”又称“秋试”，按照清代的科举制度，每隔三年的秋天在各个省城举行一次考试，中试者即可成为举人。关于第一次乡试，陈守谦后来回忆说：“其时，君专力于考据之学，不沾沾于章句，尤不屑就时文绳墨。故癸巳大比，虽相偕入闱，不终场而归。以是知君之无意科名也。”等到第二次考试失败之后，王国维便彻底断绝了科举的念头。

这个时期，王国维倾心于历史考据之学，其重要成果便是“条驳”俞樾《群经平议》。

俞樾（1821—1907），清代学者，浙江德清人，字荫甫，号曲园，道光三十年（1850年）进士。官翰林院编修。

任河南学政时，因出试题不慎被罢官。俞樾在清代学术史上有重要地位，在晚清学术界更是一位代表人物。他是章太炎的老师，对章太炎影响极深，章太炎曾作《俞先生传》来纪念他的学行。主要著作有《群经平议》《诸子平议》《古书疑义举例》和《右仙馆笔记》等。《群经平议》一共三十五卷，其主旨是继承高邮王念孙、王引之父子《读书杂志》《经传释词》《经义述闻》而作，并据王氏的治学方法，校正《易》《书》《诗》《周礼》《仪礼》《礼记》《大戴礼记》《春秋公羊传》《春秋左氏传》《论语》《孟子》《尔雅》及《国语》诸书的句读，审定字义，辨别古文假借，也十分注意分析其中的特殊文法及修辞现象，对错误进行了考证和订正。这部书是俞樾在被革职以后用了五年的时间写成的，是他一生中重要的学术著作。

对于这样一部高水平的著作，王国维初生牛犊不怕虎，在认真研读的基础上，仿效俞樾批驳郑玄《注》文的样子，撰文进行“条驳”批评。书成以后，被其父王乃誉发现。对于王国维的这种少年义气，父亲非常不满。在日记中他写道：“见静条驳俞氏《群经平议》，太率直，既自是，又责备人。至论笔墨，若果有确见，宜含蓄谦退以书，否则，所言非是，徒自取妄；即是，亦自尊太过，必至招尤集忌。故（宜）痛戒所习。”对于王国维走入考据，他也是颇不以为然。友人对王国维的此道赞不绝口，而他却认为，“髫年须文字广昌，不应走入考据”（1893 年 12 月 15 日日记）。

王国维的这篇“条驳”文章今已不可见。不过，从他日后所写的《书辜氏汤生英译〈中庸〉后》中，可以看到其锋芒之一斑。在这篇文章中，王国维对于辜鸿铭的《中庸》英译本中存在的不忠于古人的问题提出了尖锐的批评，并尖锐地指出：“辜氏之译此书，谓之全无历史上之见地可也。惟无历史上之见地，遂误视子思与孔子之思想全不相异；惟无历史上之见地，故在期古人之说之统一；惟无历史上之见地，故译子思之语以西洋哲学上不相干涉之语。”王国维的这篇文章写于 1906 年，当时他已经是三十岁的人了。虽说二十年后他对这篇文章曾有过检讨，认为“此文对辜君批评颇酷，少年习气，殊堪自哂”，但他的这种不迷信权威、勇于突破的精神，还是难能可贵的。从王国维少年时代的性格特征来看，一方面，他在家中、在父母面前表现得非常胆小、怯懦，王乃誉说他“做事言谈”“如此畏缩拖沓”，“少年毫无英锐不羁，将来安望有成”（《日记》，辛卯年十月十七日）；另一方面，他在治学方面，又表现得非常坚定和自信。这种相互矛盾的性格特征，在他后来的处世和治学中日益鲜明地表现出来。

“时务”谋生，倾心新学

1894年，甲午中日战争爆发。这场战争以清军败北而告终，这件事给广大爱国热血之士带来极大的震动。王国维也深受感染。本来，父亲王乃誉早就具有“新政”思想，在甲午中日战争爆发前四个月，父亲还曾手录上海《申报》所载的京师同文馆课程及《翻译书目》给王国维看，认为此“实今时务之急也”，这给王国维留下了很深的印象。甲午中日战争爆发后，王国维向往“新学”之念，更加迫切。他在《三十自序（一）》中说：“甲午之役，始知世尚有所谓新学者。家贫不能以资游学，居恒怏怏。”1895年，康有为联络各省赴京会试举人一千三百余人，进呈《上清帝第二书》，此即著名的“公车上书”。此次上书，朝野上下，莫不震惊。王氏父子，亦颇关注时局，期望“去旧维新”。

王国华追述:“中日之战，变政议起，先君子以康梁疏论示先兄。先兄于是弃帖括之学而不为。”然而，王国维以“家贫”不得“游学”，又为减轻“一家十口”的经济负担，不得不于“公车上书”的第二年，在城内沈氏家就任塾师。也就在这一年的十月二十四日（公历 11 月 28 日），王国维在家成婚。夫人莫氏，出身商人家庭，系同邑春富庵镇莫寅生之孙女。在这段时期，王国维为谋生计，先后在几家人家任塾师。

1898 年初，王国维告别了新婚的妻子，在父亲王乃誉的陪同下一起乘轮船赴上海。可以说，这是他第一次出远门，他此行的目的是到《时务报》谋职。在此之前，他的同窗好友——在《时务报》担任书记的许家惺，因事返乡，所以就请王国维代理其职。

《时务报》创刊于 1896 年 8 月 9 日，是我国近代最著名的报刊，对当时的维新运动曾产生过很大的影响。

说起《时务报》，自然要追溯到强学会。1895 年 5 月，“公车上书”事件后，康有为又连续上书，并奔走联络，于 8 月间在北京成立强学会，还编印了《中外纪闻》。强学会是由翰林院侍读学士、充当光绪皇帝珍妃的老师、萍乡人文廷式出面组成。由写过《庸言》一书、最早提出维新变法的户部主事陈炽出任提调（会长）。《中外纪闻》则由康有为的入室弟子梁启超、麦孟华担任编撰。一时政府大臣如袁世凯、刘坤一、张之洞等都列名入会。张之洞还捐了一笔活动经费。不久，康有为又在上海活动，成立强学分会，并刊印了《强学报》。强学会以讲求中国的自强为号召。后来李鸿章由于没有达到入会的目的，指使他的亲家杨崇伊以御史身份，上本弹劾强学会结党营私。强学会因此而解散，《中外纪闻》也被查禁。成立不到两个月的上海强学会及《强学报》，也一并遭到查禁。

当时加入强学会的还有两个人：一是当过多年外交官的嘉应州人黄遵宪；一是进士出身、曾当过张之洞幕僚的杭州人汪康年。这两人共同商量用强学会的余款筹办一家报社——《时务报》。黄遵宪还拿出一千元作开办费，同时邀梁启超来上海担任主笔，汪康年自任经理。报馆设在上海四马路右路，驻馆的办事人员大都由汪康年物色，许家惺当时即在被邀之列。以后又陆续邀请了章太炎、麦孟华、徐勤、欧云樵等名人为撰述。

许家惺，字警叔，号默斋，别号东雷，原籍浙江上虞，长王国维四岁，于光绪庚辛年间“恩正并科举人”。汪康年创《时务报》的时候，邀请他充任书记。这是一份职低薪微的工作，工作性质大体相当于现在的秘书。不过，对于王国维来说，这样一份工作还是很有吸引力的。一方面，自从王乃誉辞去溧阳县幕一职以后，家庭断绝了固定的经济来源，已经娶妻成家的王国维理应承担起这个任务；另一方面，他也非常向往外面的世界，尤其是像《时务报》这样一份在当时说来是有着广泛社会影响的报纸，更是他所向往的。

王国维到达上海的当天，就在父亲的陪同下拜访了馆主汪康年及他的弟弟汪诒年。父亲早年曾在上海做过买卖，轻车熟路。

在刚到报馆的那段时间，王国维对工作尽心尽力，一丝不苟。对于引荐他、为他提供了这份差事的许家惺，也是充满了感激之情。他在给许家惺的信中说："足下为我导夫先路，感何可言。"① 当时，虽说梁启超、章太炎等人已辞去报馆的工作，但康门弟子欧云樵还在《时务报》，这对于王国维来说，的确是难得的学习新学的机会。有一段时间，王国维就拜他为师，在工作之余，只要有机会就向他请教。虽然欧云樵操着满口的广东话，王国维听起来有些吃力，但他的学习还是蛮认真的，老师的态度也是极平和的。据其父王乃誉戊戌（1898 年）3 月 1 日日记：

> 静师欧公，示以传孔教、重民权、改制度。其所行则曰"仁"、曰"诚"。其书重《六经》"公羊"，董子《春秋繁露》《宋元学案》。

① 王国维：《王国维全集·书信》，中华书局 1984 年版，第 1 页。据罗继祖说，《书信》中的许同蔺乃许家惺之误。

所谓“传孔教”，大概是指康有为的《孔子改经考》，而“公羊”、《宋元学案》是康有为在“万木草堂”授梁启超、陈千秋、欧云樵等人的“草堂常课”。通过这段时间的学习，王国维对于当时改良派的学术思想有了更进一步的了解。只可惜，欧云樵很快也辞去了报馆的工作，赴湖南任“时务学堂”教习去了。

动荡中求学，幸获赏识

恰在这时，我国近代第一所日语专科学校“东文学社”开学，这对于此时“无所师事”的王国维来说，无疑又是一个很好的学习机会。

东文学社是由罗振玉、蒋黼（字伯斧）等人以私资创立的，社址设在上海新马路梅福里。关于东文学社办学的缘起，据《东文学社社章》第三章《主意》说，“立此社之主意约三端”：“一、因将来中、东（即日本）交涉之事必繁，而通东文者甚少故；二、因译书译报，动须远聘故；三、因中、东人士语言不能私通，将来游历交接，种种不便故。”其《社章》一共六章，第五章《学生》列举“本社收受学生之规则”共有九款：一、学生不限年岁，大约三十以内，十五以外皆可入社学习，但必须中文精通者，方可入；二、学生入社不得中途辍学，中辍者以日之多寡惩罚金，其数别订之；三、学生每人岁出脩金二十元，按节先期交出；四、学生额数不得逾四十人，三年卒业，不三年而学成者亦为卒业；五、学生每日读东文，约定某钟点至某钟点，不得迟到，迟到者不待之；六、学生住馆不住馆，悉听之。住馆及留餐应出资若干，别订之；七、学生贫苦不能出脩金者，经保人担保，亦可来社习学，不出脩金。但将来学成，必在社翻译，以译资酬学费。其供职之年如所学之年。翻译限内容。欲他就者，向担保人加倍索偿学费；八、捐款在百元以上者，子弟来学不受束脩。捐金五十元者，束脩减半；九、学成之学生，即充分学教习及各报馆翻译，皆可由本社推荐及聘请。在第六章《办事》内，还规定："社中学生学习至数月后，令其学习译书。所译之书，由社中印行；所得利息，永充社中公用。"[①] 以上是关于办学缘起、入学条件及学生权利、义务。当时，发起署名者有：上虞罗振玉、山阳邱宪（即邱于蕃，一字崧生）、钱塘汪康年、溧阳狄葆贤、吴县蒋黼。

东文学社的开学时间是在1898年农历二月六日。王国维立即向《时务报》馆经理汪氏兄弟申请前往就读，并得到允许"每日学三点钟"。这对于王国维来说，当然是求之

---

① 陈鸿祥：《王国维年谱》，齐鲁书社1991年版，第32、33页。

不得的事。可是随着时间的推移，他逐渐发现，工作与学习之间存在着很大的矛盾。这时，他一面仍在《时务报》馆工作，于书记兼校对之外，还要代汪氏兄弟写信、作文、翻译，事冗薪薄，以至每天“除读东文三点钟外，几无暇晷，与学问丝毫无益，而所入不及一写字人，又奚为哉”！其“抑郁不自聊”之情，溢于言表。对于馆中增加他的工作量而又不增加收入的做法，他更是牢骚满腹。他在给许家惺的信中说：“现在弟学东文，实难间新，已成骑虎之势，馆中可谓计之得矣。”[①]

当时在东文学社担任教职的有日人藤田丰八、冈田佐代治。为了能让王国维摆脱报馆杂务、专心读书学习，藤田曾向汪氏兄弟说情。汪氏兄弟表面上答应，而实际上，所交于王国维办理的事情，不仅有增无减，而且薪水反以学习为由而更加减少了。在这样一种情况下，王国维显然不可能集中精力进行学习，其学习成绩也就可想而知。他在《三十自序（一）》中回忆当时的情形说：“馆事颇剧，无自习之暇，故半年之进步，不如同学诸子远甚。”在期末举行的考试中，王国维竟然考试不及格。

王国维是东文学社的第一批学员，当时，学社的学员总共才有六位，与王国维一同不及格的还有沈纮和樊炳清，

① 王国维：《王国维全集·书信》，中华书局1984年版，第5页。

不及格的人数占了半数。按照《社章》的规定，考试不及格理应退学。大体就在这个时候，发生的一件事给王国维的命运带来了转机。学社主办人罗振玉在一次偶然的机会发现了王国维在同窗的扇面上题写的一首诗：西域纵横尽百城，张陈远略逊甘英。千秋壮观君知否？黑海西头望大秦。罗振玉读后大加赞赏，认为作者抱负非凡，因此王国维等三人考试虽不及格，仍然留在学社继续学习。从此，罗振玉也就对王国维格外看重，这一件事成为两人长达三十年友谊的起点。在东文学社学习的这段时间，王国维又结识了许多同窗好友，在以后的生涯中与他关系较为密切的有沈纮、樊炳清、罗振常、罗福成和刘大绅。

沈纮，字昕伯，长于英文。肄业后尝与王国维共为罗振玉编译《农学报》《教育世界》杂志，约于1904年赴欧留学，1918年卒于巴黎。王国维对其才学甚赞赏，且相互以词为遣。

樊炳清，字少泉，一字抗父（抗甫），通英、日文。肄业后，除与王、沈译编《农学报》以外，主要是为罗振玉译辑供师范教育之用的《科学丛书》。此外，还译出了王国维所编《哲学丛书》内之《社会学》，以及《伦理学概论》（以上皆由上海《教育世界》社刊行）。辛亥革命以后，曾供职上海商务印书馆，参与《词源》历史条目编纂。主编《哲学辞典》（商务版，蔡元培序），是近代最早系统介绍西方哲学、美学、伦理学、心理学、教育学的辞书之一。又充任《东方杂志》文化栏撰述（多署“抗父”），写过若干专栏文章，并曾节译过雨果的《悲惨世界》。晚年任中学教员，颇寥落。樊炳清年稍长于王国维，亦因入东文学社而与罗振玉交结，并由师友结为亲家（其子娶罗氏长子福成女）。樊、王交谊甚密，王国维《人间词》甲、乙稿序，皆托其名（“山阴樊志厚”）。王国维“自沉”后，樊尝撰《祭文》，追忆两人交往始末。不久，亦病卒（约卒于1930年），终年五十五岁。

罗振常，罗振玉之弟，字子经，一字子敬，号心井，晚号邈园。1899年春自淮安来沪，就读于东文学社，习日文。曾译述日本教育论著多种，悉刊于《教育世界》杂志。1912年春，亦东渡日本，与王氏同居于京都吉田山下之田中村。年余即返沪，开设蟫隐庐书店，搜集与刊印古籍，直至1942年去世。长于版本目录及史学，著有《善本书目所见录》《史可法集》《洹洛访古游记》等。又手批《邵亭知见书目》，尚待整理。生前与沈曾植、缪荃孙、朱祖谋（彊村）、况周颐（惠风）等清末著名学者、文人，均有交往，而以王氏最密。王国维去世以后，尝刊印《观堂诗词汇编》，除为观堂诗词补作识跋以外，并命其长女罗庄整理《人间校词札记十三种》。

罗福成（1884—1960），罗振玉长子，自谓“与观堂共读于东文学社”（罗刊《观堂外集编校记》）。王国维去世以后，秉承父命，协同赵万里等编校刊印王国维《遗书》。

刘大绅（1887—1952），字季缨，一作季英，刘鹗第三子，罗振玉长婿，通英、日文。据刘蕙孙追述：“罗去上海、苏州……均随去读东文班。”则亦尝与王国维同学于东文学社。后赴日留学，归任商务印书馆农商科编辑（《铁云先生年谱长编》）。王国维随罗振玉在上海、苏州、京都，刘大绅亦皆偕同，彼此以诗词为遣，惟所作迄无刊行者。辑《儒宗心法》，著《学易私说》，皆自刊本，以发挥“太谷学派”之说为主旨。[①]

1898年农历五月底，王国维因“脚气病”发作，离开了仅生活了半年的上海，回海宁家中度假养病，一直到本年的九月才又回到上海。

就在王国维在家养病的这短短的三个多月的时间里，中国政坛上又发生了一次重大的变故。八月五日（公历9月20日），西太后那拉氏囚禁了光绪皇帝，六日晨起，重新垂帘听政，“在便殿办事”，并下令查会馆，封报社，缉捕维新党人，此即所谓的“八月政变”（或称“戊戌政变”）。戊戌六君子被杀，康有为、梁启超亡命海外。在被查的报纸

① 陈鸿年：《王国维年谱》，齐鲁书社1991年版，第41、42页。

中，以宣传维新思想著称于世的《时务报》当然不能幸免。当王国维重新来到上海的时候，这家报馆已人走室空，馆门禁闭，他也就面临着失业的威胁。幸而罗振玉创设的东文学社及《农学报》，因未参加政治而未被查封，而且两江总督刘坤一还特地命上海道拨款两千元助其续办。罗振玉体念王国维失业后无收入，就请他兼管学社庶务，照旧半工半读。同时，东文学社重新开学之后，学生人数也增加了不少，日本籍教习也随之增多，除藤田、田冈之外，又有上海日本副领事诸井六郎及书记船井辰一郎兼任教习。为了避免与革命党人的牵连，也是因为原社址梅福里地方太小，不能容纳新增加的这么多人，所以学社便迁至制造局前桂墅里。

东文学社的成立，原本是为了从日本大量翻译农业书籍，以日文为主要课程。后来觉得物理、化学都与农业有关，所以学社在第二学年又增加了数、理、化几门课程，还兼授英文。王国维在《三十自序（一）》中回忆说："次年，社中兼授数学、物理、化学、英文等。其时担任数学者，即藤田君。君以文学者而授数学，亦未尝不自笑也。顾君勤于教授，其时所用藤田博士之算术、代数两教科书，问题殆以万计，同学三四人者，无一问题不解，君亦无一不校阅也。"藤田、田冈二人都是"日本文学博士"，还兼治哲学，让他们教授数理化，的确是勉为其难。不过他们教得还是非常认真的。王国维与他们相处得也非常融洽。不仅如此，他们还是王国维从事哲学事业的领路人呢。王国维自述说:“余一日见田冈之文集中有引汗德、叔本华之哲学者,心甚喜之。顾文字暌隔,自以为终身无读二氏之书之日矣。”这可以说是他接触康德、叔本华哲学的开始。不过,这时由于“文字暌隔”,他还无法真正了解康德与叔本华。因此问题的关键还是学好外语。

除了在东文学社学习日语之外,他还学习了英语。关于王国维在东文学社的学习情况,日本学者狩野直喜回忆说:“我初闻王君之名,时间甚早,大概是明治三十四年左右,我在中国上海留学的时候。当时我的友人之一藤田丰八博士,正在罗叔言君所主办的东文学社教授日文,博士告诉我,他所教的学生某君头脑极明晰,善读日文,英文亦巧,且对西洋哲学研究深感兴趣,其前途大可属望。当时中国青年有志于新学的,大都对政治学经济学有兴趣,而想尝试研究西洋哲学者却极罕见。藤田博士极赏识该生,说了许多夸奖他的话,但是我始终没有与之见面,此某君即后来鼎鼎大名的王静安先生。”为了能够直接阅读康德、叔本华的著作,王国维还学习了德语。

践行诺言，初尝译书

1900年5月，英、美、法、德、俄、日、意、奥八国组成联军，入侵中国，清政府不得不于5月25日正式对外“宣战”。不久，八国联军便攻入北京，慈禧与光绪皇帝仓皇西逃。这就是历史上的“庚子事变”。

由于这次事变，东文学社的学生不得不提前毕业。原来的学制本来规定是三年，可到这时，第一批学生也仅上够两年半，眼看还有半年就要毕业了，想不到却发生了这种事情，这怎能不让人感到遗憾呢？王国维抱着一种无奈的心情由上海回到了海宁家中。

学社虽然解散了，但他强烈的求知欲并没有使他放弃学习外语。当时，学社的英语课程只学完了第三读本，在回家之前，他在上海又买来第四、第五读本，他要利用在家闲住的这段时间，准备继续将没有学完的课程自学完毕。在家里，由于没有老师，他只能尽自己的能力，能读懂多少算多少，读不懂的只好暂时略过，等以后有机会再向老师请教。这样，每天学习一两课，硬着头皮，竟然也将这两本书大体学完，而且外语水平有了明显的提高。王国维自述说：“值庚子之变，学社解散。盖余之学于东文学社也二年有半，而其学英文亦一年有半。时方毕第三读本，乃购第四、第五读本。归里自习之，日尽一二课，必以能解为度，不解者，且置之。”

学以致用，王国维学习外语的目的本来就是为了能够读懂外文书，能够将西方先进的科学思想介绍到中国来。而且按照学社章程的规定，学社的学生也必须为学社译书。为了感谢学社对自己的培养，也是为了报答罗振玉对自己的知遇之恩，王国维决定利用在家的这段时间，翻译一本书，检验一下自己的外语水平到底达到了什么程度。他选择翻译的是《势力不灭论》。

《势力不灭论》的作者是赫尔姆霍茨（王国维译为海尔模壑尔兹），生于1821年，于1894年去世，是19世纪德国著名的物理学家、生物学家，也是一位从力学、数学观点来阐述艺术与美的美学家。在哲学思想史上，恩格斯在《自然辩证法·导言》中称他是一位“新康德主义者”，指出他“从万有吸引和化学吸引构成他的力的原始蕴藏”，在他的“纯主观的关于力的概念”中，只有“吸引”，否认“排斥”。所谓“势力不灭论”，现在通译为“能量守恒与转换定律”，它与施旺、施莱登的细胞学说、达尔文的“进化论”，被恩格斯并称为“具有决定意义”的“三大发现”。王国维选择这样一种重要的科学理论来翻译，其难度是可想而知的。但他并没有望难止步，而是想尽办法如何避难就易，尽自己所能来将这种科学理论介绍到中国来。

首先是选择底本。赫尔姆霍茨有关“能量守恒与转换定律”的书有多种，最重要的是他于1847年发表的《论力的守恒》，可是这部书过于专业化，不仅王国维本人一时难以完全弄懂，而且即使翻译出来，就当时中国学术界的科学理论水平而言，也难以为读者所能接受。好在他还有一部《通俗讲演集》(即《通俗科学讲义》)，这部书带有科普的性质，专门为普通读者写的，即使没有这方面的专业知识，也容易理解。于是王国维便选择了这一部书中的一节(即《就自然力交互之关系》)来翻译。

其次是选择版本。王国维虽说学过德文，但毕竟不很精通，相比之下，英文倒要好些，而且他最近这一两年的学习重点也放在英文上。所以若读德文原版书，自然是不行的，他最终选择的是英国人额金孙的英译本来翻译。

最后，便涉及翻译的体例问题。关于这一点，王国维本人有过较简明的说明，兹录如下：

一、势力不灭论（*The Theory of the Conservation of Energy*），为19世纪所发明最大最新之原理，而德人海尔模壑尔兹（Helmholtz），亦发明此原理中之一人也。此书就英国理学博士额金孙（Rtkinsan）所译氏之《通俗科学讲义》（*Lecture on Popular Scientific Subject*）中之《就自然力交互之关系》（*On the Interaction of Nature Force*）一书译述者，易其名曰《势力不灭论》，蕲不背原理而已。

二、原书本为通俗讲义，一切数学上之公式，及经验之次序，皆略不载，而惟记其结果，其意在使人易晓。

三、译语使用旧译。惟旧译名有未妥者，则用日本人译语。

四、人地名及书名，概标西文，以便稽核。

盛夏六月的海宁，闷热潮湿。整日躲在家中译书的王国维却对此毫不在意。经过近一个月的艰苦工作，他终于完成了译稿。望着厚厚的沾满汗渍的稿纸，可以想见，王国维的心中是多么喜悦。因为他知道，这部译稿对于他本人而言，可以说是在学习西学的路途中，迈出了坚实的第一步。

在当时的中国，对于像“能量守恒与转换定律”这样重要的西方科学理论的翻译和介绍，王国维可以说是第一人，他与第一个翻译介绍达尔文及其“进化论”的严复，完全可以相媲美。这部书稿，对于王国维日后的治学也产生了重要的影响。《势力不灭论》涉及了牛顿的古典力学，康德－拉普拉斯的“星云学说”等，这些都是恩格斯所说“理论自然科学”上的基本理论问题，这成为王国维决定从事于哲学，特别是康德哲学的先导。其中的“循环论”“创世纪”说、“世界末日”观等，对于后来他写《〈红楼梦〉评论》有着明显的影响。例如在这部译稿的最后有一段话说：“若更进而计星气（星云）之凝缩而为我日系之时期，虽我等大胆之推度，以惟有废然而返耳。故以人类之历史时代方之，不过沧海中之一涟漪而已。”又说：“我等种族之运名，必非不久，但非永远存在者，此必不能免判断之一日（用景教中语，谓人类之末日也）。但今尚长夜漫漫，不知何时旦耳。且我等人无不有死之观念，则人类之运命，亦必同之。”《〈红楼梦〉评论》中的悲观论调，不能不说与这种基于“星云学说”的“日系有始”、人生无常的观点有着明显的联系。

《势力不灭论》译出于他赴日留学前夕，这也为他敢于进入东京物理学校学习，做了一点理论知识上的准备。更重要的是，他对西方近代科学的研究，使他能够有同时代人所不能有的“科学头脑”与“科学方法”，在他一生的学术研究中，都发挥了极其积极的作用。

王国维的这部译稿，于1903年被编入樊炳清编辑的《科学丛书》第二集，在罗振玉的安排下由上海《教育世界》社刊行。这也算是实践了王国维作为东文学社的一名学生的诺言。

东瀛游学归来，踏入《教育世界》

1900年农历八月，该是东文学社开学的日子。王国维像往年一样，仍然从家中返回到上海。不过，他知道，他这次不可能再像往年一样地回到文学社了。因为文学社已解散，他只能住在罗振玉家中。为了给他提供一份谋生的职业，罗振玉邀请他译编《农学报》，而王国维自知自己的日文水平比不上同窗好友沈纮，所以就将这份差事让给了他，而自己却情愿当副手，协助译编《日本农事导报》。在这期间，王国维翻译了日本农学士池田日升三著的《农事会要》，连续刊载在1900年9月至10月间出版的《农学报》第118期—第120期上。这使他学的日文也派上了用场。秋后，罗振玉应湖广总督张之洞的邀请，赴武昌任农务局总理兼农学监督（校长），罗振玉又马上将王国维及沈纮一起从上海召到武昌，任农校日籍教员翻译。

1900年的农历十二月，又是在罗振玉的资助下，王国维踏上了东渡日本的轮船，赴东京物理学校学习。王国维自述："北乱稍定，罗君乃助以赀，使游学于日本。已从藤田君之劝。"（《三十自序（一）》）在东京留学期间，也正是留日学生反清革命活动非常活跃的时候，而王国维对此的反应却异常冷淡。在他看来，这种行为对于国事实在是无所补益的。他在给罗振玉的信中说："诸生骛于血气，结党奔走，如燎方物，不可遏止。料其将来，贤者以殒其身，不肖者以便其私。万一果发难，国是不可问矣！"所以他对于留日学生组织的活动概不参人，而是白天自学英文，晚上则到物理学校学习数学，所有的心思都用在学业上。王国维自己说："抵日后昼习英文，夜至物理学校习数学。留东京四五月而病作，遂以是夏归国。"（《三十自序（一）》）"是夏"是指1901年的夏天，因此他这次在日留学的时间不到半年。他之所以这样快就离日回国，除了"病作"（他素有脚气病）的原因之外，也可能与害怕留日学生的反清活动波及自身有关。同时，在东京物理学校所学的课程并不是他所感兴趣的，恐怕也是原因之一。回国之后，他便帮助罗振玉编译《教育世界》杂志。从此之后，所作《哲学上及文学上之撰述》，也由该杂志刊行，著述日富，并逐渐为学界所瞩目。

《教育世界》杂志，是罗振玉任武昌农校校长时，自己出资创立的。杂志创刊于1901年农历四月，在上海刊行。它是中国近代第一本教育专门杂志。当时中国的有识之士已从“庚子事变”的惨痛教训中醒悟到，要兴国必须先兴教育。于是这一年，在全国的范围内兴起了“留学热”“兴学热”。而清朝统治者，也看到了教育的重要性，下决心实行所谓的“辛丑变法”。五月，先是由两江总督刘坤一、湖广总督张之洞上奏《变法事宜疏》，七月，清政府正式下诏改变科举章程，废“八股”，改试“策论”，把全国书院统统改为“学堂”。八月，慈禧太后偕光绪皇帝从西安返回北京，命令各省在省城及所属府州县筹设高等、中等、初等学堂，并命令各省选派学生出洋留学。《教育世界》的创刊，正是适应了当时中国的这种兴学热潮。罗振玉在创刊《序例》中阐述其办刊宗旨时说：“方今世界公理，不出四语，曰‘优胜绌败’。今中国处此列雄竞争之世，欲图自存，安得不于教育亟之意乎！”又云“人才组合而成世界，是世界者，人才之所构成；而人才者，又教育为之化导者也。无人才不成世界，无教育不得人才”，“爰取最近之学说书籍，编译成册，颜之曰《教育世界》”。并规定：“自四月起，每月出书二册，约五十页（将来经费稍裕，则月出三册）”，“附译之书，约为六类，曰各学科规则，曰各学校法令，曰教育学，曰学校管理法，曰学校教授法，曰各种教科书”；而“所译各学教科书，多采自日本”，“同人有以论说及编著之书见示者，当选译刊行”。[①]

《教育世界》自辛丑四月创刊，迄丁未（1907年）十二月辍刊，历时近七年，共一百六十六册（期），汇为《教育丛书》七集（年成一集）。自始至终，皆为半月刊（上、下旬出版）。其头三年，即《丛书》之初、二、三集，由罗振玉自任“笔削”，所刊著译，悉如《序例》所规定之六类，大抵为一“纯教育”刊物，以刊布日本教育条例、法令、教科书、教育学等书为主，兼及英、德、法诸国，如法国卢骚（梭）之名著、欧洲启蒙文学中最重要的“教育小说”《爱美耳钞》(后中译名《爱弥儿》)，就是在《教育世界》首次译载的。[②]

王国维回国之后，立即投入到译书之中。他连续翻译了日本文学博士立花铣三郎著的《教育学》和日本藤泽利喜太郎著的《算数条目及教授法》。前一本书，在《教育世界》杂志1901年第九、十、十一期上连续刊载，从八月上旬一直到九月上旬刊完。后一本书，是当年王国维在东文学社学习时藤田用的教科书，所以翻译起来相对熟悉一些。这本书也是连载于《教育世界》杂志，从十月上旬到十二月下旬载完。

① 《〈教育世界〉序例》，《教育世界》杂志，辛丑四月上旬，第一册。

② 《教育丛书》第三集，1903年。

1902年农历三月，上海南洋公学设“东文科”，在上海虹口谦吉里设分校，公学监督（校长）盛宣怀聘请罗振玉担任分校监督，藤田剑峰为教习。王国维又被罗振玉聘为分校“执事”。从此，王国维便正式在教育界任职，开始了他的教书生涯。这段时间，他除了研读哲学之外，更于教育学方面也颇多用力。由于他所学的专业是日语，因此，对于日本教育方面的书籍，可以直接阅读，并翻译介绍到中国来。在他任上海南洋公学分校“执事”不到一年的时间，就翻译了日本文学士牧濑五一郎所著的《教育学教科书》，出版了日本高等师范用教科书《法学通论》，还为罗振玉编辑了《哲学丛书》中的《哲学概论》《心理学》《伦理学》三种，这套丛书也是为了适应当时新兴的师范教育的需要而编写的。

专心西哲，解人生之困

译书教书主要是为了谋生，而此时更为王国维所苦恼的却是形而上的人生问题。为了解决日夜困扰自己的人生问题，从 1901 年自日本回国后，他决心从事于哲学。王国维在《三十自序（一）》中曾说自己：

“体素羸弱，性复忧郁，人生问题日往复于吾前，自是始决从事于哲学。”又说：“次岁春（1902 年）始读翻尔彭之《社会学》及器文之《名学》、海甫定《心理学》之半，而所购哲学之书亦至，于是暂辍《心理学》而读巴尔善之《哲学概论》，文特尔彭之《哲学史》。当时之读此等书，固与前日之读英文读本之道无异，幸而已得读日文，则与日文之此类书参照而观之，遂得通其大略。即卒《哲学概论》《哲学史》，次年始读汗德之《纯理批评》，至《先天分析论》，几全不可解，更辍不读，而读叔本华之《意志及表象之世界》一书。叔氏之书，思精而笔锐，是岁前后读二过，次及于其《充足理由之原则论》《自然中之意志论》及其文集等，尤以其《意志及表象之世界》中《汗德哲学之批评》一篇，为通汗德哲学关键。至二十九岁（1905 年）更返而读汗德之书，则非复前日之窒碍矣。嗣是于汗德之纯理批评外兼及其伦理学及美学。至今年（1907 年）从事第四次之研究，则窒碍更少，而觉其窒碍之处，大抵其说之不可持处而已。此则当日志学之初所不及料，而在今日亦得以自慰藉者也。此外如洛克休蒙之书，亦时涉猎。”

王国维的这段话告诉我们，从 1901 年下半年到 1902 年，他读的书主要有翻尔彭的《社会学》、器文（即耶方斯）的《名学》（逻辑学）、海甫定的《心理学》。但海甫定的这本书还没有读完，他便买到了一批哲学书，于是他首先从中选择了巴尔善（现译包尔生）的《哲学概论》、文特尔彭（现译文德尔班）的《哲学史》来读。

研究任何一门学问，起步的时候都必须读这门学问的理论概要和历史。学文学的人，首先应该去读文学概论和文学史，学语言学的人，也应该首先学习语言学概论和语言学史，读哲学也是这样。巴尔善的《哲学概论》和文特尔彭《哲学史》这两本书可以说正是王国维学习哲学的入门书。

包尔生（Friedrich Paulsen，1846—1908），德国哲学家、伦理学家和教育家，生于施勒斯维的一个农民家庭，他一生主要是在柏林大学从事教学和著述活动。其代表著作有《哲学导论》和《伦理学体系》。《哲学导论》（即王国维所说的《哲学概论》）初版于1892年，在问世后的几十年间广泛被人阅读，到1929年已出版至第42版，列宁也曾于1903年流亡日内瓦时读过此书。《伦理学体系》，王国维译为《伦理学系统》，并于《叔本华与尼采》等文中引述过此书。此书的英译本出版于1899年。1908年，蔡元培先生曾将此书中的第二编译出，并以《伦理学原理》为名由当时的商务印书馆出版。1917年至1919年，杨济昌先生在湖南第一师范任教时，即曾以此书作为该校的教科书。毛泽东作为当时在校的学生，曾在这本约十万字的教科书上作了一万多字的批注。1988年，此书全文中译本由中国社会科学出版社出版。

文德尔班（Wilhelm Windelband，1848—1915），新康德主义学派弗莱堡学派的创始人，曾先后任教于苏黎世大学（1877年起）、斯特拉斯堡大学（1882年起）、海德堡大学（1903年起），曾任斯特拉斯堡大学校长。其主要著作有《近代哲学史》（两卷集，1878—1880）、《古代哲学史》

（1888 年）、《历史和自然科学》（1894 年）、《论意志自由》（1904 年）、《哲学概论》（1914 年）。

由于文德尔班是一位新康德主义者，所以王国维由读文德尔班的《哲学史》，进而喜爱康德的哲学著作，便是非常自然的事情了。最初，王国维读这些书的时候，都是英文本，他所说“与前日读英文读本之道无异”，是指“以能解为度，不解者且置之”，能读懂多少算多少，读不懂的暂且放弃。后来，他又得到了日文本，所以可以互相参照着读。而此时，指导他读书的是藤田丰八。

从 1903 年到 1907 年，大概五年的时间，王国维的兴趣与精力大都用在康德与叔本华的哲学、美学上。另外，也涉猎洛克与休谟的哲学著作。1903 年春，他先是读康德的《纯粹理性批判》（《纯理批评》），读到《先验分析论》这一章的时候，几不全解，于是放弃，去读叔本华的《作为意志和表象的世界》。从 1903 年夏到 1904 年冬，他主要阅读的是叔本华的著作，除了《作为意志与表象的世界》于 1903 年前后阅读两遍之外，他还阅读了《充足理由之原则论》《自然中之意志论》及《叔本华文集》等。而《作为意志和表象的世界》中有一个附录《康德哲学批判》尤其为王国维所重视，他认为这是通晓康德哲学的关键。1905 年，他重新阅读康德的《纯粹理性批判》，大有长进，于是又去读《实践理性批判》和《判断力批判》等著作。到

1907 年，他前后共四次研读康德。

我们知道，王国维起初并不是研究哲学的，1898 年，他离开家乡去上海就读于东文学社时，主要接触的是理工。1901 年，去日本留学，学习的专业是物理、数学。那么，是什么原因促使他放弃了原来所学而全身心投入到阅读康德、叔本华的哲学著作上来的呢？这要从王国维所处的时代背景及他本人的思想状况中去寻找答案。

应该说，从鸦片战争开始，国门被打开，所谓“西学”如潮水般涌来，中国人的思想观念已经发生了很大的变化。传统的价值体系已远远不能符合新时代的要求，科举制度也已不能为中国文人提供安身立命的场所，中国人不得不睁开眼睛重新审视这个新世界，渴望了解和学习西方成为一种新风尚。洋务运动、戊戌变法（包括辛亥革命）、五四新文化运动，实质上是中国人在物质技术、政治体制、文化观念上向西方学习的三个不同的层次。对此，梁启超在《五十年中国进化概论》一文中曾总结说：

> 近五十年来，中国人渐渐知道自己的不足了。这点子觉悟，一面算是学问进步的原因，一面也是学问进步的结果。第一期，先从器物上感觉不足。这种感觉，从鸦片战争后渐渐发动，……觉得有舍己从人的必要，于是福建船政学堂、上海制造局等等渐次设立

起来。……第二期，是从制度上感觉不足，……所以拿“变法维新”做一面大旗，在社会上开始运动。……第三期，便是从文化根本上感觉不足。第二期经历的时间比较长——从甲午战役到民国六七年间止。……这二十年间，都觉得把人家的组织形式一件件搬进来，以为但能够这样，万事都有办法了。革命成功将近二十年，所希望的件件落空，渐渐有点废然思返。觉得社会文化是整套的，要拿旧心理运用新制度，决计不可能，渐渐要求全人格的觉悟。……所以最近两三年间，算是划出一个新时期来了。①

在这样一个进程中，王国维恰好处在由政治体制向哲学文化观念推进的中介。戊戌变法的失败促使当时有思想的知识分子不得不思考这样的问题：在国民的文化素质极其低下的前提下，只在社会的政治制度的表层进行变革，能否将中国带进与西方列强同步发展的行列中？他们开始从思维方式、社会文化心理结构寻找中国落后的原因，开始将注意力集中在学术文化的讨论上。如果说康有为、梁启超的维新变法是企图改变中国落后的政治体制的话，那么王国维则是要在学术文化层次上对中国人传统的社会心理结构来一个

① 《梁启超选集》，上海人民出版社 1984 年版，第 833、834 页。

变更。他的这一企图与思想具体体现在《论近年之学术界》《论新学语之输入》《最近二三十年中中国新发见之学问》以及关于教育、美育等一系列杂文中。例如，他在《教育小言十则》中开宗明义地指出："中国之积弱衰亡，其原因就在学术之衰亡。"他感叹道："学术之绝久矣。昔孔子以老者不教、少者不学，为国之不祥。闵子马以原伯鲁之不悦学，而卜原氏之亡。今举天下之人而不悦学，几何不人人为不祥人，而天下而亡也。"把一个国家的兴亡归因于学术的兴亡，这显然有其片面性，但就当时情形而言，企图从文化心理根基上改变中国积弱，这一点显然比洋务派、维新派单从物质技术、政治体制上谋求改良更符合当时中国历史发展的要求。

王国维认为造成中国学术落后的原因：第一，是由于学术缺少独立品格。他在《论哲学家与美术家之天职》一文中写道："披我中国之哲学史，凡哲学家无不欲兼为政治家者斯可异已。孔子，大政治家也；墨子，大政治家也。孟荀二子皆抱政治上之大志者也。汉之贾、董，宋之张、程、朱、陆，明之罗、王，无不然。岂独哲学家而已，诗人亦然。……呜呼，美术之无独立价值也，久矣。此无怪历代诗人多托于忠君爱国劝善惩恶之意，以自解免，而纯粹美术上之著述往往受世人之迫害，而无人为之昭雪也，此亦我国哲学美术不发达之原因也。"虽然有人曾将这段话看成是王国维反封建专制政治的证据，带有拔高美化王国维之嫌，但若看成是一文哲学艺术的独立宣言则不为过。同时，王国维又将人格的独立与学术研究的独立联系在一起，他在《论近年之学术界》一文中曾说：“欲学术之发达，必视学术为目的，而不视为手段而后可。汗德伦理学格言曰：‘当视人人为目的，而不可视为手段。’岂特人之对人如是乎？对学术亦何独不然？”也就是说，无论是人格还是学术都应该以目的看，而不可看成是手段。而要想真正达到学术的独立，首先必须做到人自身的独立，必须从对政治的依附中解脱出来，必须排斥掉各种功利追求，尊重人自身的本体存在，只有这样，才能彻底改变我国学术研究落后的状况，也才能彻底改变国民之性质。这反映出王国维对学术文化独立性的强调与对人的主体性的强调是统一的，在这一点上，他也找到了与康德、叔本华哲学相通的契合点。

第二，是由于思维方式的落后。王国维在《新学语之输入》一文中曾就中西文化传统，尤其是思维方式及各自的优缺点做过明晰的分析。他说：“国民之性质，各有所特长，其思想所造之处各异，故其言语或繁于我国人之特质，实际的也，通俗的也；西洋人之特质，思辨的也，科学的也，长于抽象而精于分类，对世界一切有无形之事物，无往而不用综括及分析之二法，故言之多自然之理也。吾国人之特长宁在实践之方面，而在理论之方面，则以具体的知识为满足，至分类之事，则迫于实际之需要外，殆不欲穷究也。……故我中国有辩论而无名学、有文学而无文法，足见抽象与分类二者，皆我国人之所不长，而我国学术界尚未达自觉之地位也。”可以看出，王国维对中国学术落后状况的分析已经深入到中国人思维方式的特性这一层面。正像李泽厚先生在《中国近代思想史论》中所指出的：王国维已经不满足严复那种肤浅的经验论，而提倡超一时功利的形而上学，指出中国民族缺乏抽象思辨，最先表现了中国知识分子在比严复更高一层的水平上了解西方文化、追求精神价值、批判国故传统以迎接新的世界的精神。

一是民族文化心理、思维方式缺乏抽象思辨，一是中国传统文化中哲学艺术缺少独立品格，这两个问题其实有着必然的关联性，因为不能将政治与哲学彻底分开，正是我国传统中抽象思辨力的缺乏所致；而独立的抽象思辨能力的缺乏也正是由中国文人对政治的依附所造成的，两者其实是互为因果的关系。从这个意义上讲，王国维要求学术研究从政治中脱离出来，强调哲学艺术的独立品格，实际上是他采用西方近代形而上学思维方式的具体体现。

古代素朴辩证的思维方式，其特点是将世界看成一个主客体未分的混沌体，偏重于对整个世界的混沌认识；而近代形而上学的思维方式，其特点则是将世界看成现象与本体、经验与逻辑、偶然与必然相分化的二元图式。相对于古代素朴的辩证思维，近代形而上学的抽象分析无疑是人类思维的一次质的飞跃。而德国近代哲学，无论是康德、席勒，还是叔本华、尼采，都具有非常强的抽象思辨性，这显然迎合了王国维想要打破中国传统素朴混沌的思维方式、追求西方抽象思辨的形而上学的心理。

另外，王国维本人的性格禀赋也是他倾心德国康德、叔本华哲学的一个重要原因。叶嘉莹女士说："在静安先生的性格中，最明显也是最重要的一点，乃是他的知与情并胜的禀赋。"①这自然是从积极的一面来说的，如果从消极的一面来说，"知与情并胜"其实就是理智与情感的矛盾、冲突，这也就是造成王国维忧郁性格的根本原因所在。王国维在《三十自序（一）》中曾说自己："体素羸弱，性复忧郁，人生问题日往复于吾前，自是始决从事于哲学。"在这里，王国维把自己从事哲学的原因解释得再清楚不过了。忧郁的性格伴随着人生问题的困扰，使他决定从哲学中寻找慰藉，寻找答案。也就是说，他从事哲学文艺的目的就是为了寻求人生问题的解答，他认为哲学与文艺都是"万世之真理，非一时之真理"，康德、叔本华哲学又属哲学之第一义，自己的性格与叔本华的悲观主义哲学又有颇为相投之处，所以他"及读叔本华之书而大好之"，更由读叔本华之书，先前康德哲学中不可解之处也由此得以迎刃而解了。

---

① 叶嘉莹：《王国维及其文学批评》，广东人民出版社 1982 年版，第 4 页。

涉猎英国经验主义哲学

王国维在《三十自序（一）》中说他在读康德之书的时候，还涉猎了洛克和休谟的哲学著作。这对于他理解康德的哲学理论是大有帮助的。

洛克（John Locke，1632—1704）与休谟（David Hume，1711—1776），都是英国经验派哲学家。

关于洛克，罗素在《西方哲学史》中写道：

> 洛克可以看作是经验主义的始祖，所谓经验主义即这样一种学说：我们的全部知识（逻辑和数学或许除外）都是由经验来的。因此，《人类理智论》第一卷就是要一反柏拉图、笛卡尔及经院哲学家，论述没有天生的观念或天赋的原则。在第二卷中他开始详细说

明经验如何产生不同种类的观念。他在否定了天生的观念之后，说：

“那么我们且设想心灵比如说是白纸，没有一切文字、不带任何观念；他何以装备上了这些东西呢？人的忙碌而广大无际的想象力几乎以无穷的样式在那张白纸上描绘了的庞大蓄积是从何处得来的？它从哪里获得全部的推理材料和知识？对此我用一语回答，从经验：我们的一切知识都是在经验里扎着根基，知识归根结蒂由经验而来。”（第二卷，第一章，第2节）

我们的观念出于两个来源：（一）感觉作用，（二）对我们自己的心灵的活动的知觉，这可以称作“内感”。既然我们只能借助观念进行思考，既然所有观念都是从经验来的，所以显然我们的任何知识都不能先于经验。

他说，知觉作用是“走向认识的第一步和第一阶段，是认识的全部材料的入口”。在现代人来看，会觉得这几乎是不必说的道理，因为至少在英语国家中，这已经成为有教育者的常识的一部分。但是在洛克时代，心灵据设想先验地认识一切种类的事物，他倡导的认识完全依赖知觉作用，还是一个革命性的新说。在《泰阿泰德篇》中，柏拉图曾着手批驳认识与知觉作用的同一化；从柏拉图时代以来，几乎所有的哲学家，最后直到笛卡尔和莱布尼兹，都论说我们的最可贵的知识有许多不是从经验来的。所以洛克的彻底经验主义是一个大胆的革新。《人类理智论》第三卷讨论言语，主要是企图说明形而上学家提出的所谓关于宇宙的知识，纯粹是词句上的东西。第三章《论一般名辞》在共相问题上采取了极端的唯名论立场。凡存在的一切事物都是殊相，然而我们却能构成类如“人”这种适用于许多殊相的一般观念，给这些一般观念我们可以加上名称。一般观念的一般性完全在乎它适用于、或可能适用于种种特殊事物；一般观念作为我们心中的观念，就其本身的存在而言，和其他一切存在的事物是同样特殊的东西。

第三卷第六章《论实体的名称》是要驳斥经院哲学的本质说。各种东西也可能具有实在的本质，那便是它们的物理构造，但是这种构造大致说来是我们不知晓的，也不是经院哲学家所谈的“本质”。我们所能知道的那种本质纯粹是词句问题；仅在于给一般名词下定义而已。例如，议论物体的本质只是广延性呢，或者是广延性加上充实性呢，等于议论字眼：我们把“物体”一词照这样定义或照那样定义均无不可，只要我们死守住定义，决不会出任何弊病。判断不同的各品类乃是“连带有不同名称的不同的复合观

> 念”。固然，自然界中有着各种相异的东西，但是这差异是通过连续的渐次推移表现出来的：“人借以区分各品类的品类界限原是人定的。”它继而举出一些怪物实例，就这些怪物说是否算人尚有疑问。这种观点在达尔文令一般人信服而采纳了渐变进化论之前，向来不是普遍承认的。只有自己让经院哲学家折磨苦了的那些人，才会领略到他清除了多少形而上学的破烂废品。

叔本华在《康德哲学批判》中指出：康德哲学“对于洛克的哲学是一种肯定和扩充的关系”，“对于休谟的哲学是一种纠正和利用的关系”，“对于莱布尼兹－沃尔夫哲学是一种坚定的驳斥和破坏的关系”，并且说：“在着手康德哲学之前，所有这三种学说都是人们应该通晓的。”可以想见，王国维涉猎洛克与休谟的哲学著作的目的显然是为了更好地通晓康德哲学。尤其洛克关于第一性与第二性的理论对康德哲学影响极大。

在洛克看来，我们不同的观念反映了客观事物的两种不同的性质。首先，“这些性质我们称之为物体的原初的或第一性的质；我想，我们可以观察到这些性质在我们心中产生以下这些简单观念：体积、广延、形状、运动或静止、数目”。“其次，是这样一种性质，事实上它并不是什么存在于对象本身中的东西，而是一种能力，可以借物体的第一性质，亦即借物体的各个不可见的部分的大小、形状、组织、运动等，在我们心中产生各种不同的感觉，例如，颜色、声音、滋味等等。这些我们叫作第二性的质。”“物体的第一质的观念是和第一性的质相似的，他们的原型是确实存在于物体里面的，第二性的质在我们心中产生的观念则根本不与第二性的质相似。并没有什么与我们的观念相似的东西存在于物体本身中。这些性质，在我们用它们来称呼的物体里面，只不过是一种在我们心中产生这些感觉的能力；观念中的甜、蓝或温暖，只不过是我们称之为甜、蓝或温暖的物体本身里面的不可见部分的某种大小、形状和运动而已。”[1]这就是说：第一性的质，才是属于物体本身的；而第二性的质，却并不在物体本身。在我们的认识中，很大一部分并没有认识到物体本身，例如声音和颜色，这些我们原以为属于物体本身的东西，其实并不属于物体本身，而是物体与我们的感官相互作用的结果。声音是物体的振动频率通过空气传至人的耳膜引起的，颜色是物体放射出来的电磁波作用于我们的视网膜的结果，所以客观世界中并不存在什么声音和颜色。洛克的“两种性质”的学说，对康德产生了很大的影响。康德认为，人们能够认识到的只是外在世界的现象，而

① 洛克：《人类理智论》，《西方哲学原著选读》上卷，商务印书馆 1981 年版，第 454、456 页。

“物自体”却是不可认识的。康德的这种理论，很明显与洛克的哲学有着渊源关系。因此，读洛克的书，可以更容易理解康德的理论。

尽管王国维在《三十自序（一）》中并没有说明他读的洛克的哪一本书，但可以肯定，他一定读过洛克的《人类理智论》，因为这是洛克最重要的一本哲学著作。1907年，王国维还将这本书翻译成汉语，以《悟性指导论》为题连载于《教育世界》杂志。这可以证实。

休谟主要的哲学著作是《人性论》及其简缩本《人类理智研究》（*Inquiry into Human Understanding*）。《人性论》是休谟1734年到1737年间在法国旅居时所写的，前两卷出版于1739年，第三卷出版于1740年。当时他还不到30岁，又没有名气，因此，这本书并没有引起休谟所期待的那种反响。休谟在《自传》中说：“我一向总想，我在印行了《人性论》之后，所以遭了失败，多半由于叙述不当，而不完全是由于意见的不妥，而且我之仓卒付印，乃是最鲁莽的一件事。因此，我就把那本书的第一部分重新改写了，写出《人类理智研究》来。这部新书是我在杜林时出版的。不过这部书在一开始比《人性论》也并不怎么成功。”[①] 尽管这本书在开始时并不怎么成功，但在后来很长

① 《人类理智研究》中译本，商务印书馆1957年版，第3页。

一段时间内，它却比《人性论》著名得多。把康德从独断的睡梦中唤醒过来的就是这本《人类理智研究》。

在《人类理智研究》中，休谟用较大篇幅分析人们的因果知识是怎样产生的。在他看来，“因果之被人发现不是凭借于理性，乃是凭借于经验”。他一向认为，如果我们就对象本身考察对象，决不超越关于这些对象所形成的观念去看，那么并没有意味着其他对象存在的对象。所以因果知识也不存在于对象之中。据此休谟主张，必定是经验使人有了关于原因和结果的知识。但绝不是一两个个别事件就能使人具有因果知识，而是两类事件的经验，是甲类事件和乙类事件经常连接这个经验。我们说“因为甲，结果乙”，意思只是甲和乙事实上经常相连，并不是说它们之间有某种必然的关联。如果甲和乙在过去的经验里一向经常相连，由于联想，甲的印象就产生乙的这种鲜明观念，构成对乙的信念。因此，休谟反复主张，在我们看来的对象间的必然关联，其实只是那些对象的诸观念之间的关联。使我们产生“因为甲，结果乙”这个信念的各事例的反复，并没有赋予该对象什么新东西，只是在心中造成观念的联合，因而必然性不是存在于对象中而只是存在于心中的东西。这就是王国维说休谟的因果律“非知觉中所固有而由联想而得者，不能证其与实在有何关系，则实在不能由所与之概念知之”的道理所在。休谟自己在《人类理智研究》

中是这样说的:“感官传来的这些知觉，究竟是否是由相似的外物所产生的呢？这是一个事实问题。我们该如何来解决这个问题呢？当然借助于经验；正如别的一切性质相同的问题都是如此解决的。但是经验在这里，事实上，理论上，都是完全默不作声的。人心中从来没有别的东西，只有知觉，而且人心也不能经验到这些知觉和物象的联系。”既然我们不能由感觉经验本身推出产生经验的外在原因，因此，感觉之外是否有一个与之相对应的客观世界，我不知道，我不能说它有，也不能说它没有，于是只剩下了一个“不可知”。

同休谟一样，康德也认为纯然的客体存在——“物自体”是不可知的，但是他却认为必须承认它的存在。“作为我们的感官对象而存在于我们之外的物是已有的，只是这些物本身可能是什么样子，我们一点也不知道，我们只知道他们的现象，也就是当它们作用于我们的感官时在我们之内所产生的表象。因此无论如何，我承认在我们之外有物体存在，也就是说，有这样一些物存在，这些物本身可能是什么样子我们固然完全不知道，但是由于它们的影响作用于我们的感性而得到的表象使我们知道它们，我们把这些东西称之为‘物自体’，这个名称所指的虽然仅仅是我们所不知道的东西的现象，然而无论如何，它意味着实在的对象存在。”总之，这种不可知的“物自体”是作为可知的“现象界”的外在根源而存在的。只有承认它的存在，才能够解释我们的认识器官何以能够源源不断地获得感性材料这一事实。但是，这种作为认识源泉的“物自体”本身却又是认识活动的界限，因为我们所能认识到的只是“物自体”作用于我们认识器官所产生的结果，而不是“物自体”本身。

王国维在《汗德之知识论》中说：

> 汗德之知识论，乃近世唯名论之结论也。彼夙奉伏尔夫派之素朴实在论，而谓名学上之必然性，与自然界之实在性，一物也。……及闻休蒙之说，一旦自独断之梦中蹶起。即休氏首证吾人对实在之概念之形式。如因果律等，非知觉中所固有而由联想而得者，不能证其与实在有何关系，则实在不能由所与之概念知之明矣。

可见，王国维对于休谟与康德哲学的关系有着非常深刻的认识，他由研究康德进而涉猎将康德从独断论梦中唤醒的休谟之书，便也是非常自然的了。

当然，王国维在《三十自序（一）》中所列举的书籍只是他阅读的西方哲学书籍中的一部分，在这期间，他所读的哲学书决不仅限于此。其他像古希腊柏拉图、亚里士多德的书，英国经验派除了洛克、休谟之外还有培根、霍布士以及近代实证主义哲学家斯宾塞，法国的卢梭，德国的莱布尼兹、席勒、尼采等，在他的文章中都时有提及和引证，说明这些人的书，他也是读过的。

研读康德从叔本华开始

王国维在《静安文集·自序》中说：

余之研究哲学始于辛壬（1901年和1902年）之间。癸卯春（1903年），始读汗德（康德）之纯理批评，苦其不可解，读几半而辍。嗣读叔本华之书而大好之。自癸卯之夏以至甲辰（1904年）之冬皆与叔本华之书为伴侣之时代也。其所尤惬心者，则在叔本华之知识论，汗德之说得因之以上窥然于其人生哲学观。其观察之精锐，与其议论之犀利亦未曾不心怡神释也。

在《三十自序（一）》中又说：

始读汗德之《纯理批评》，至《先天分析论》，几全不可解，更辍不读，而读叔本华之《意志及表象之世界》一书。叔氏之书，思精而笔锐，是岁前后读二过，次及于其《充足理由之原则论》《自然中之意志论》及其文集等，尤以其《意志及表象之世界》中《汗德哲学之批评》一篇，为通汗德哲学关键。至二十九岁（1905 年）更返而读汗德之书，则非复前日之窒碍矣。嗣是于汗德之纯理批评外兼及其伦理学及美学。至今年（1907 年）从事第四次之研究，则窒碍更少，而觉其窒碍之处，大抵其说之不可持处而已。此则当日志学之初所不及料，而在今日亦得以自慰藉者也。

这都告诉我们一条宝贵的读书经验，那就是为了读懂康德的书，必须首先读叔本华的书。

关于怎样读叔本华的《作为意志和表象的世界》，叔本华本人在《作为意志和表象的世界·第一版序》中曾有过专门的交代。叔本华说："要深入本书所表达的思想，那就自然而然，除了将这本书阅读两遍之外，别无良策可以奉告。"[①] 王国维自己说他在 1903 年读叔本华的《作为意志和表象的

① 叔本华：《作为意志与表象的世界》，商务印书馆 1982 年版，第 2 页。

世界》“是岁前后读二过”，看来他是严格按照叔本华的要求去做的。

叔本华认为，世界的本体是意志。意志是一切客观事物所具有的共同本质，是先于认识的生命冲动，是一种盲目的没有止境的原始欲望。意志是不可认识的，人所能认识的只是世界的表象。他还把柏拉图的“理念”引进自己的体系中，认为理念是意志的客观化。而且，世界从低到高的无数级别的种种事物，都是各种相应级别的理念的客体化。有多少事物，就有多少种理念，但理念不等于万千的个别事物，而是事物的普遍形式。这样一来，叔本华就把世界划成“意志—理念—表象”，构成了他的唯意志论哲学体系的基本框架。

叔本华哲学的意义在于它将人（作为主体自我）设定为认识整个世界的依据，从而更加肯定了（或者说是极端地肯定了）主体的价值。叔本华认为离开了人，世界本身是无法认识自己的，那时它只能是混沌一片、漆黑一片。因此，“这整个世界的实际存在都有赖于这第一只张开的眼睛”。[①] 在叔本华看来，既然我们之外的物质世界都只是我们认识的表象，而这表象背后的一切对于我们认识来说永远是沉默的，因此要认识这表象背后的本质，唯一的办法就是

① 叔本华：《作为意志和表象的世界》，商务印书馆 1982 年版，第 62 页。

将我们的认识目光从外在世界中收回来，使其反观自身，因为我们自身是唯一的不对我们保持沉默的客体。换句话说，我们自身就是现象和本质的统一体：作为活动于时间和空间中的、受制于因果关系的感性存在，我们自己是现象，是相对于认识主体的表象；但是除此之外，我们还确确实实地体验到，在我们的身体内部，始终存在着一个支配我们外在行动的内在动力，这种内在的动力不是表象，而是我们之外的其他认识主体所认识不到的，而只能被我们自己所体验到。这种内在动力就是意志，意志就是作为表象的我之背后的本质。不仅如此，我们还可以做进一步的推论：意志不仅是“我”的本质，而且是作为表象的整个世界的本质，意志就是“物自体”。因为作为现象和本质相统一的“我”，只不过是大千世界中的一分子，“我”在本质上不可能与外物有什么不同，只不过外物的本质“我”看不到罢了。这样，叔本华从主体自我入手，通过反观自身来达到对“物自体”（即意志）的把握，从而消除了康德哲学中固有的矛盾性。对此，王国维心领神会，他在《叔本华之哲学及其教育学说》中指出：“然则物之自身，吾人终不得而知之乎？叔氏曰：否。他物则吾不可知，若我之为我，则为物之自身之一部，则昭昭然矣。而我之为我，其现于直观时，则块然空间及时间中之一物，与万物无异。然其现于反观时，则吾人谓之意志而不疑也，而吾人反观时，无知力之形式行乎其间，故反观时之我，我之自身也。然则我之自身，意志也。意志与身体，吾人视为一物，故身体者，可谓之意志之客观化，即意志之入于知力之形式中者也，吾人观我时，得由此二方面，而观物时，只由一方面，即惟由知力之形式中观之，故物之自身，遂不得而知。然由观人之例推之，则一切物之自身，皆意志也。叔本华由此而救汗德批评之失，而再建形而上学。”这表明，王国维对叔本华从主体自我入手来设定世界的做法是非常赞赏的。

于是，一直萦绕在王国维心中的人生终极问题终于得到解决：“生活之本质何？欲而已矣。”（《〈红楼梦〉评论》）在其他论文中，如《叔本华与尼采》《论古雅在美学上之地位》等，都曾一再申明“吾人之根本，欲而已矣”的观点。不是从认识论，而是从生存本体论角度来设置主体的感性基础，这就是叔本华和王国维解决人生终极问题的策略，它使认识理性的效用范围得到限制，使主体感性意欲的本体地位得到确立。

按照一般的推论，西方近代认识论作为对古代神学的反叛，使人摆脱宗教教条束缚，极力张扬主体的理性精神，这对于近代哲学思想美学思想的产生应该具有很重要的价值，可为什么康德、叔本华等人却要提出对理性加以限制呢？

要想回答这一问题，我们必须对理性的具体内涵加以考察。我们知道，是否具有理性是人性与动物性相区别的根本标志，因此理性在人性结构中具有重要意义。问题的关键在于理性是否是属于人的主体理性。在人类历史上，经常产生理性变异的现象。在古代，理性被异化为宇宙理性和伦理理性，它们都是外在于主体的异己力量。近代科学技术的兴起，确立了主体的认知理性，但随着科学的发展，过分的理性主义自信却忽视了人的情感生活，因为，从认识论的角度来看，对于外在世界的科学认识必然排斥主观性情感的介入，这样科技理性再次沦落为人的异己力量。康德之所以一再强调，在认识之前，必须首先确定人的认识能力，其目的就是为了给人的认识理性限定一个范围，以便为人的伦理道德、行为规范即实践理性留出一块地盘。

“玉女灿然笑，照我读异书”

1903年初，王国维应张謇聘请，赴南通任通州师范学校教职。这所学校是中国第一所私立师范学校，由张謇创办，也得到了罗振玉的资助。据通州师范学校所编的《本校及附设各科前任职员录》记载，王国维是于1903年4月到该校任职的，本年12月离职，所教授的课程主要是“伦理、国文”。在这所学校中，王国维属于“新派教员”，懂外语，通西洋哲学，所讲授的伦理学讲义又大多是从日文翻译而来，所以难以为当时“举、贡、生、监”出身的学生所接受。实际上，王国维此时的教育思想也是非常超前的，从他在通州师范学校任教职时所写的《哲学辨惑》和《论教育之宗旨》两篇文章可以看出，王国维的教育理想是造就德、智、体、美“完全之人物”，它与传统的以追求功名为目的的科举教育实在有着本质的区别，所以他倡言“哲学非有害之学”“非无益之学”“哲学为中国固有之学”，力主“中国现时研究哲学之必要”，“研究西洋哲学之必要”。在次年初所写的《孔子之美育主义》一文中，又把席勒在《美育书简》中所提倡的“美丽之心”作为教育的最高境界。

教书的失败，并没有影响王国维的情绪。从他来到通师任教之际，也正是他所说的“与叔本华之书为伴侣的时代”。正是在这个时候，他开始由康德转向叔本华，通过研读叔本华的知识论，原来康德哲学中读不懂的地方，迎刃而解，这使他感到非常惬意。而叔本华人生哲学中“观察之精锐与议论之犀利”，也让他感到“心怡神释”。

教书之余，王国维更以写诗填词自娱。通州师范学校环境幽雅，学校前面是二十里外的狼山，青翠欲滴，后面是十亩荷池，摇曳多姿，离学院不远的湖心亭（张謇私家花园），也是美景如画，是个休息游玩的好去处。“孟夏天气柔，草木日夕长”，在王国维写于此时的《端居》（其三）这首诗中，人们可以想见他徜徉于大自然之中的那种悠然恬淡的心情。“玉女灿然笑，照我读异书”，这首作于中秋节的《偶成》，更表露了他当时专心于研究外国哲学，虽不为世俗所理解，却依然通达乐观的心迹。据记载，这年的秋天，“某日黄昏，他饭后散步，走到通师西侧的东寺，听到寺里钟声朗朗，不禁诗情勃发。他一面数着寺里的钟声，一面散步。寺里钟声一停，他急忙跑到学校疾书，写出：‘萧然饭罢步鱼矶，东寺疏钟度夕霏。一百八声亲数彻，不知清露湿人衣。’题为《秋夜即事》……”这一时期，王国维的诗作还有《书古书中故纸》《嘲杜鹃》《五月十五日夜坐雨赋此》《游通州湖心亭》以及假期返海宁途中所写的《六月二十七宿硖石》等。

1904年年初，王国维辞去通州师范学校教职，来到上海，代替罗振玉主编《教育世界》杂志。从此之后，一直到1907年该刊停刊，王国维都一直担任或兼任《教育世界》的主编，共出版了四集。王国维主编该刊之后，他还是很想把刊物办好的，所以对于刊物本身做了较大的调整，使它由原来的“纯教育”，改为包括哲学、美学、心理、伦理等基础理论，以及译介西方学人、作家及其学说与作品的综合性刊物。王国维在《本报改章广告》说明“改章”的理由时指出：“本报自辛丑四月创办，迄于癸卯年底，已发至第六十八册（期）。向系选择专书，按期连载，分之为旬报（应为半月刊），合之为丛书。原以吾国教育尚在幼年时代，罕有窥斯界之真面者。与其为武断之议论，不如直译外籍，供人采择，尚不至贻误后来。……继念西儒之言曰：人若久注意于一事物，则眼力易疲，疲则难入而易忘，故读书者必于读甲类后改读乙类，然后再读甲类，乃可以慰眼力之劳。

本报有鉴于此，特自甲辰正月首期，即第六十九号始，改例为分类。除选译东西各书外，增入本社所自编撰者，以餍阅者之目焉。”

王国维的这段说明文字，可以看作是他读书方法的“夫子自道”。王国维的读书方法与死记硬背的方法有着根本的区别，那就是当他遇到读不懂的时候，并不是死死抓住不放，而是别读他书，等到学识有所长进，便再回过头来重新阅读，这样既可以节约时间，又可以避免因读不懂而丧失阅读兴趣。这一点在他研读康德哲学时表现得尤其突出。

王国维起初读康德的《纯粹理性批判》的时候，读到《先验分析论》时，“几全不可解”，所以便弃置不读，而去读叔本华的《作为意志和表象的世界》，读到其中《康德哲学批判》，原来不懂的稍有所解，便返过头去再读康德。如此反复共四次研读康德，每一次都有新的收获。而他对于康德的研究也取得了重大的成果，并将研读康德的收获运用于分析研究中国古代哲学之中。除了这一点之外，王国维的读书方法还有一点可取之处，就是广泛阅读不同专业范围的书籍，这样做不但可以扩大自己的知识面，而且可以使自己在阅读中得到积极的休息。这就是王国维所说的“人若久注意于一事物，则眼力易疲，疲则难入而易忘，故读书者必于读甲类后改读乙类，然后再读甲类，乃可以慰眼力之劳”。

在他担任《教育世界》杂志主编的这段时间，是他一生中撰述较为丰富的时期。在这一时期，他在《教育世界》杂志上，连续编译和发表了《尼采氏之教育观》《叔本华之遗传说》《汗德之哲学说》《论叔本华之哲学及其教育学说》《国朝汉学派戴阮二家之哲学说》《〈红楼梦〉评论》《德国文化大改革家尼采传》《荀子之名学说》《尼采氏之学说》《叔本华遗传说后》《理科教授法》《管子之伦理学说》《格代之家庭》《教育偶感·二则》《孔子之学说》《释理》《叔本华与尼采》《德国哲学大家叔本华传》等。上面的近二十篇文章都是王国维在担任《教育世界》主编后从1904年2月到8月仅七个月的时间写成的。其写作速度之快的确令人惊叹。同时他涉及的范围又是极其广泛的，从古到今，从中到外，从哲学、教育学、伦理学、逻辑学一直到文学，均有涉猎。在这么短的时间内，写出如此多的文章，涉及如此丰富的内容，要做到这一点，除了他自身的天赋之外，不能不说与王国维有着合理的读书方法有关。王国维本人在回忆这段读书生活时曾说："顾此五六年间，亦非终日治学问，其为生活故而治他人之事，日少则二三时，多则三四时，其所用以读书者，日多不逾四时，少不过二时。过此以往则精神涣散，非与朋友谈论，则涉猎杂书。为此二三时间之读书，则非有大故，不稍间断而已。夫以余境之贫薄，而体之孱弱也，又每日为学时间之寡也，持之以恒，尚能小有所就，况财力精力之倍于余者，循序而进，其所造岂有量哉！故书十年间之进步，非徒以为责他日进步之券，亦将以励今之人使不自馁也。”[①] 除了“涉猎杂书”，合理安排读书时间之外，最重要的恐怕还是应该持之以恒。这也是王国维想劝告世人的一条最重要的读书经验。

1904 年农历九月，由罗振玉创办的江苏师范学堂正式开学，王国维又被聘为这所学校的教师，从上海来到了苏州。江苏师范学堂是由当时的江苏巡抚端方倡议、由罗振玉具体筹建的，这所学堂主要培养为当时急需的师资，带有速成的性质。端方在奏请立学折中称：“先招讲习科生四十人，速成科生一百二十人，以济目前兴办学堂之急需。”当时开设的课程有历史、地理、礼花、博物、简易五科，课程设置均采用日本学制。当时任学堂总教习的是藤田剑峰，王国维被聘为心理、伦理、社会诸科教习。而实际上，王国维所授的课程仅限于伦理学，因为当时的学生仅有初级、中级两级师范生，伦理学是他们的必修课，至于心理学、社会学，那是为高等师范及大学所开设的课程，暂时还用不上。

学堂是在苏州城的三元坊原来紫阳书院的基础上建立的，这里风景优美。王国维闲暇时间便常在苏州城中游玩，秀美的景色再次引发了他的诗情，这一时期，他的诗作有

① 王国维：《三十自序（一）》。

《偶成》《九日游留园》《天寒》《欲觅》《出门》等。这也为他日后研读诗词奠定了基础。

王国维自述："自癸卯之夏，以至甲辰之冬，皆与叔本华之书为伴侣之时代也。"癸卯，是1903年；甲辰，是1904年。从1903年夏到1904年冬，王国维先后分别在通州师范学校任职，在上海开始主编《教育世界》杂志，在苏州江苏师范学堂任职。在这期间，他业余的主要精力用在叔本华的哲学著作上，而他的社会角色却是教师与编辑。

叔氏哲学解“红楼”

就在王国维沉迷于康德、叔本华的同时,《红楼梦》这部小说也引起了他极大的兴趣。1904年,他写成《〈红楼梦〉评论》一文,这篇文章在王国维读书治学的道路中,占有特别重要的位置,是他运用康德、叔本华哲学来阐释中国文学作品的第一次试验。

作为一部文学名著,曹雪芹的《红楼梦》,可以说是中国文学的骄傲,将它放在世界文学名著的行列,也是丝毫不逊色的。现在,对于《红楼梦》的研究已成为一门专门的学问。而在“红学”研究的历史上,王国维的《〈红楼梦〉评论》算得上是拓荒之作。它比蔡元培所写的《〈石头记〉索隐》要早十三年(蔡氏索隐初版于1917年),比胡适所写的《〈红楼梦〉考证》要早十七年(胡适初稿完成于 1921 年），比俞平伯写的《〈红楼梦〉辨》要早十九年（俞文初版于 1923 年）。蔡元培的《索隐》仍然没能脱尽旧红学的附会色彩，用猜谜的方法硬指《红楼梦》为清朝康熙年间的政治小说，而胡适、俞平伯二人在考证后四十回高鹗续书的真伪得失方面虽说取得了很大的成绩，但是对于《红楼梦》本身的文学价值却并没有什么贡献。王国维的《〈红楼梦〉评论》则不同，它是从哲学美学观点来衡量《红楼梦》的文艺价值的专门论著。在中国文学批评史上，以西方的哲学、美学理论来评述中国的文学作品，在王国维之前尚无人做过尝试，所以可以毫不夸张地说，王国维的这篇文章是中国近代文学批评的开山之作，它的意义和价值甚至超出了这篇文章本身。

中国传统的文学批评大多采用感悟评点的形式，这种形式的长处是能够直接进入文学的价值领域，往往几句话就能道出作品的精神生命与艺术真谛，但它的缺点则在于缺少严密的思维推理和理论体系，因此难于为文学圈子之外的人所理解。王国维《〈红楼梦〉评论》能够以西方富于推理的思辨方式，以叔本华的哲学美学理论为依据，对于文学作品的批评建立起一种有系统的批评理论，这在当时应该说是富有创见的。

这篇文章共有五章，第一章《人生及美术之概观》，叙述其对人生之看法，以为“人生之本质何？欲而已矣”。

而由欲所产生者则唯有苦痛而已，所以“欲与生活与痛苦，三者一而已矣”。其次又叙述其对美术的看法，说“美之为物有二种，一曰优美，一曰壮美”，“优美与壮美皆使吾人离生活之欲而入于纯粹之知识者”，所以美术能使人忘记生活的痛苦。又引格代（歌德）的诗说“凡人生中足以使人悲者，于美术中则吾人乐而观之”，以说明悲剧中的“壮美”之情，“其快乐存于使人忘物我之关系，则固与优美无异也”。最后就下了一个结论说：“今既述人生与美术之概略如左，吾人且持此标准以观我国之美术……吾人于是得一绝大著作曰《红楼梦》。”

第二章《〈红楼梦〉之精神》，开端是论生活之欲之痛苦，接着说“男女之欲尤强于饮食之欲”，“是故前者之苦痛尤倍蓰于后者之苦痛”，“而《红楼梦》一书实示此苦痛之由于自造，又示其解脱之道不可不由自己求之者也”，“而解脱之道存于出世而不存于自杀”，盖因自杀之人未必尽属能战胜生活之欲者也。至于出世之解脱则又有两种，“一存于观他人之苦痛，一存于觉自己之苦痛”，“前者之解脱宗教的也，后者之解脱美术的也。前者和平的也，后者悲感的也，壮美的也”，“此《红楼梦》之主人公所以非惜春、紫鹃而为贾宝玉者也”。所以《红楼梦》一书的精神是在写贾宝玉由“欲”所产生的苦痛及其解脱的途径。

第三章《〈红楼梦〉之美学上之价值》，本章主要是论述《红楼梦》的悲剧性质，认为《红楼梦》一书与吾国人乐天之精神相反，乃“彻头彻尾之悲剧也”。而悲剧所表现的多是壮美之情，可以感发人“恐惧与怜悯”的情绪，使“人之精神于焉洗涤”，“故美学上之目的与伦理学上最终之目的合”。《红楼梦》一书既然也是以悲剧的形式给人指示一条解脱的途径，“由是《红楼梦》之美学上之价值亦与其伦理学上之价值相联络也”。

因此承接第三章，第四章便开始讨论《红楼梦》伦理学上之价值。此章旨在说明“解脱”为“伦理学上最高之理想”。王国维认为世界与人生的存在并无合理的根据，而当世界尽归于“无”，则可以“使吾人自空乏与满足、希望与恐怖之中出。而获永远息肩之所”。且世界各大宗教“皆以解脱为惟一之宗旨，哲学家如古代希腊之柏拉图，近世德意志之叔本华，其最高之理想亦存于解脱”。《红楼梦》正是“以解脱为理想者”，这就是《红楼梦》伦理学上的价值。

第五章为余论，主要在说明旧红学家纷纷考证《红楼梦》一书主人公是谁，想要为书中故事找出“本事”来，这是一种错误的观念。因为“美术之所写者非个人之性质，而人类全体之性质也”，所以考证“本事”并不重要，而考证“作者之姓名与作书之年月”才是正当的需要做的事情。王国维认为，《红楼梦》一书不必为“作者自道其生平”，因为“美术之源出于先天”，而不必“本于作者之经验”，所以《红楼梦》一书之价值不在于其内容确指何人何事，而在于它所表现的美学与伦理学上的价值。

不过，尽管王国维的《〈红楼梦〉评论》有很多优点，但也有不少研究者指出，它也有许多失误的地方，它所得出的结论有许多并不符合《红楼梦》本书的实际。例如以“生活之欲”之“痛苦”与“示人以解脱之道”作为批评《红楼梦》的依据，而且对于“宝玉”之名硬加附会，“所谓玉者不过生活之欲之代表而已”，这种说法是缺少根据的。在《红楼梦》中，“宝玉”的隐喻之意应该说是比较清楚的。《红楼梦》开始就曾指出此玉原是青埂峰下经过女娲锻炼之后，准备补天用的，可由于没能用上，所以被遗弃在青埂峰下。他虽曾降世历劫，但最终还是要返本复原，再回到青埂峰下。在第二十五回《通灵玉蒙蔽遇双真》一节，也曾明确地说：“那宝玉原是灵的，只因声色货利所迷，故此不灵了。”如此说来，与其说“玉者不过是生活之欲之代表”，不如说是人的灵明本性更为恰当。此外，王国维完全以“灭绝生活之欲”“寻求解脱之道”作为他评论《红楼梦》的依据，这也是不太恰当的。虽然《红楼梦》在开端曾提出“因空见色，由色生情，传情入色，自色入空”一套解脱之词，还曾借跛足道人的《好了歌》以及甄士隐的一段解说，把人生的空幻无常做了一番尽兴的发挥，但我们也不应该忘记，除了类似的解脱之词之外，作者还曾对自己的写作动机做过明确的说明："与将以往所赖天恩祖德，锦衣纨绔之时，饫甘餍肥之日，背父兄教育之恩，负师友规训之德，以至今日一技无成，半生潦倒之罪，编述一集，以告天下。"又说："我之负罪固多，然闺阁中历历有人，万不可因我之不肖，自护己短，一并使其泯灭也。"这说明，《红楼梦》的主题除了寻求解脱这层含义之外，还有一种愧悔追怀的意图，也就是说，《红楼梦》的价值和意义决不仅仅是像王国维所说的"示人以解脱之道"，而是多层次、多方面的。

王国维之所以会有对《红楼梦》的"误读"，其主要原因在于他用叔本华等西方理论来硬套中国的文学作品。关于这一点，叶嘉莹曾指出："本来《红楼梦》一书之精神与价值就并不完全符合叔本华哲学，而叔氏哲学本身又原就存有绝大之矛盾，静安先生乃竟然想把中国小说《红楼梦》完全套入叔本华的学说模式之内，则其不免于牵强附会当然就是必然的了。"[①] 当然，这绝不是说，用西方理论来分析中国的作品就一定不可以，而是说，在这样的借用过程中，一定要符合作品的实际，不能生搬硬套，削足适履。

王国维一向以治学严谨著称，他为什么会犯这样的错

---

① 叶嘉莹：《王国维及其文学批评》，广东人民出版社 1982 年版，第 163 页。

误呢？要回答这个问题，还是应该从王国维本人的思想中找答案。王国维在《三十自序》中曾发出“可爱而不可信，可信而不可爱”的感叹，这是我们回答这一问题的关键所在。“可爱”，是就价值而言，“可信”是就知识而言。在我国传统的观念中，“价值”与“知识”是不作区分的。所以我国传统思想追求的是“知行合一”，追求“格物致知”与“修齐治平”的连续性。这种治学态度与治学方法对于中国文化的延续与发展起到了极其积极的作用，但它也有某种弊端。如果我们对于自己所研究的对象，不是持一种客观的、冷静的、“非道德的”态度，而是事先就充满了“同情”与“敬意”，那么怎么可能得出公允的结论呢？事实上，这种将“知”与“行”、学理追索与道德行为不加区分的做法，在现实中，往往带来这样的情形，即当我们需要进行冷静的学术研究的时候，却因有过多的道德情感的投入而妨碍我们得出公允的结论；而当我们需要以自己的实际行为捍卫某种道德理想的时候，却又有理性考虑而表现出某种聪明与圆滑。这样的例子在中国历史上还是屡见不鲜的。而在西方康德哲学中，“知识”与“价值”分属两个截然不同的领域，康德用《纯粹理性批判》与《实践理性批判》来分别阐述这个问题。由于王国维对康德哲学的喜爱，并进行过相当认真仔细的研究，所以他对康德的这种理论观点非常熟悉，并能加以改造吸收进自己的思想体系之中。他在《孔子之学说》一文中指出："知与实行有别，知学理者不必能实践之，不知学理者或能实践之。概以学理为知，实践关于意志故也。""知识"追求的是真，"价值"追求的是善，两者虽有联系，但其本质根本是不同的。由于王国维的性格及心态，与叔本华的悲剧哲学以及《红楼梦》中悲剧的人生经验，都有许多暗合之处，因此他对于叔本华哲学和《红楼梦》这部小说，就不免有着过多的偏爱。王国维对于《红楼梦》的评论，就是在这种偏爱的心态下写成的。其着眼点在于它的价值，想借《红楼梦》来表达自己的价值观念，来表达自己悲苦绝望的思想情绪，来表达自己"可爱"的东西。所以对于这部作品之"真"，它的真实情况如何，也就并不怎么在意了。这也许就是王国维之所以会对《红楼梦》产生误读的深层次的原因。

从王国维一生来看，他其实始终处于"可爱"与"可信"的矛盾纠缠之中。他的可贵之处就在于：一方面，对于知识的"真"，他是孜孜以求的，能够以一种博大的胸怀和客观求实的态度来研究学问，所以在学术研究上取得了那么大的成就；而另一方面，对于自己"可爱"的东西又难以完全割舍，而且还要以自己的实际行动去身体力行，这在聪明人看来，就难免有些愚蠢了，从而最终导致他一生的悲剧。

叔本华与尼采之书对照而读

在 1904 年，王国维写《〈红楼梦〉评论》的时候，已经逐渐意识到叔本华哲学中的矛盾之处。他在《静安文集自序》中说："去夏（1904 年）所作《〈红楼梦〉评论》，其立论虽全在叔氏之立脚地，然于第四章内已提出绝大的疑问。旋悟叔氏之说，半出于其主观的气质，而无关于客观的知识。此意于《叔本华及尼采》一文中始畅发之。"今查，《叔本华与尼采》一文从 1904 年农历八月下旬开始连载于《教育世界》杂志第十六期、十七期。在这篇文章中，王国维指出："叔本华由锐利之直观与深邃之研究，而证吾人之本质为意志，而其伦理学上之理想，则又在意志之寂灭。然意志之寂灭之可能与否，一不可解之疑问也。其批评见《〈红楼梦〉评论》第四章。尼采亦以意志为人之本质，而独疑叔氏之伦理学之寂灭说，谓欲灭绝此意志者，亦一意志也。于是由叔本华之伦理学出而趋于其反对之方向，又幸而于叔氏之伦理学上所不满足者，于其美学中发见其可模仿之点，即其天才论与知力的贵族主义，实可为超人说之标本者也。”

王国维读叔本华的伦理学，发现他的意志“寂灭论”有自相矛盾之处。在1904年夏四月脱稿的《〈红楼梦〉评论》第四章中已指出了这一点。这个自相矛盾之处在于：一方面，叔本华主张世界万物之根本都是意志，这就是他的意志同一之说；而另一方面，叔本华所讲的解脱却只针对个人。所以王国维在《〈红楼梦〉评论》第四章中提出质疑：“故如叔本华之言一人之解脱，而未言世界之解脱，实与其意志同一之说，不能两立者也。”而这一疑问等到他读到尼采之书时方才揭开，尼采认为“欲灭绝此意志者，亦一意志也”，所以世界万物之根本在于意志的观点才彻底站住脚，这就消除了叔本华原先的矛盾之处。这说明王国维在读叔本华的时候，虽然对叔本华的理论非常佩服，但却没有完全被他的哲学所俘虏，而仍然有着自己的见解。当他发现叔本华理论中不能自圆其说的地方，敢于指出，并从其他哲学理论中提出修正的意见。同时这也说明，王国维在读叔本华之书的时候，也阅读了尼采的一些哲学著作（主要是《查拉斯图特拉如是说》），并能从两人的对照之中来加深对西方哲学理论的理解，丰富自己的思想。

在此之前，王国维另有几篇关于尼采的文章分别发表于《教育世界》杂志。最早的一篇是《尼采氏之教育观》，发表于1904年二月上旬的《教育世界》杂志第三期上。这说明最晚不迟于1904年一月，王国维开始接触尼采的理论。当时，王国维刚刚辞去通州师范学堂的教职，开始代替罗振玉主编《教育世界》杂志，所以，对于尼采，首先为王国维所感兴趣的是他的教育思想。而且，由于尼采的教育思想"世罕言及"，大家都比较重视尼采的文化哲学，尼采本人更以西方传统文化的叛逆者的形象出现在世人的面前，人们一般很少从教育的角度去关注尼采，所以非常有必要介绍尼采的教育观。"兹编就赫奈氏所著，点窜而叙述之。言教育者，倘亦乐闻乎！"王国维的这篇文章是根据赫奈原著译编改写的，但也确实代表了他本人的教育思想。

最为王国维所倾心的是尼采的"新自然主义"教育观。这种教育观上承卢梭的自然教育理论，都认为"今日之文化无所裨益"，而主张回归自然，但尼采对"自然"的理解又完全不同于卢梭。"然尼氏之所谓自然状态，恰与卢氏相反。卢氏厌阶级社会之弊，悯当时压制之苦，故常以无制裁之平等自由，设想于心中，以为人类之在自然状态也，皆平等，皆自由，无贵贱之差，无贫富之别。故其教育主义，一在追诸自然。至尼氏之所谓自然状态，乃绝不平等者。彼谓大地之上，惟有少数之君主与多数之奴隶生活其间而已。而两者之间，自根本而差异，如深沟之不可逾越，非仅仅阶级之差之谓也，种属之差之谓也。”简单地说，卢梭所说的自然状态是指平等、自由，无差别；而尼采所说的自然状态则指“君主”与“奴隶”之间的绝对差别，在这里，王国维所说的“君主与奴隶”都是就人的精神状态而言的。他推崇的是“君主”的精神状态，极力反对“奴隶”精神状态。王国维说：“然则尼氏所谓自然状态之人类，其特色如何？尼氏以彼等为严酷、猛烈、好权、尚势，且其性有稍近于猛禽毒兽者。而此喜争好斗之性质，常使之自求向上的生活，以保有其活力；一旦除此敌抗的本能，则必致一般活力为之衰减。盖向上的生活之本能乃天所以赋诸人者，绝不止于原始的状态，亦无复还其状态者也。”

为王国维所推崇的尼采的这种“喜争好斗”后来成为五四文化精英反抗封建伦理、张扬个性解放的精神武器。1907年，鲁迅在《摩罗诗力说》中，就曾对尼采的这种“摩罗”精神大加赞赏。后来郭沫若等人也同样深受尼采的影响。而所有这一切，都是从王国维开始的，在王国维之前，还没有谁专文译介过尼采，王国维可以说是中国引进尼采学说的第一人。

随后，王国维又写了《德国文化大改革家尼采传》，发表于1904年四月下旬《教育世界》杂志第八期，并于同年五月翻译了日本文学博士桑木严翼的《尼采氏之学说》，刊于《教育世界》杂志第十期、第十一期上。前一篇是对尼采一生的简要介绍，而后一篇则是对尼采学说的全面介绍。王国维在篇末译者识语中说："此篇载在日本文学博士桑木严翼所著《尼采伦理说之一斑》中。是一篇以外，尚有《〈察拉图斯德拉〉之梗概》及《批评》二篇，以限于篇幅，故从割爱。然尼采学说之大要，已尽于此。"

如果说《尼采之教育观》《德国文化大改革家尼采传》《尼采氏之学说》等几篇文章都带有编译改写介绍的性质，那么《叔本华与尼采》一文，则是王国维在认真阅读了尼采的哲学著作之后所写的学术性很强的论文。从这篇论文中可以看出，他对尼采的理论已经运用自如、游刃有余了。

在《叔本华与尼采》这篇文章开始，王国维便高屋建瓴地指出："十九世纪中，德意志之哲学界有二伟人焉：曰叔本华（Schopenhauer），曰尼采（Nietzsche）。二人者，以旷世之文才，鼓吹其学说也同；其说之风靡一世，而毁誉各半也同；就其学说言之，则其以意志为人性之根本也同。然一则以意志之灭绝，为其伦理学上之理想，一则反是；一则由意志同一之假说，而唱绝对之博爱主义，一则唱绝对之个人主义。夫尼采之学说，本自叔本华出，曷为而其终乃反对若是？岂尼采之背师固若是其甚欤？抑叔本华之学说中，自有以启之者欤？自吾人观之，尼采之学说全本于叔氏。其第一期之说，即美术时代之说，其全负于叔氏，固可勿论。第二期之说，亦不过发挥叔氏之直观主义。其末期之说，虽若与叔氏相反对，然要之不外以叔氏之美学上之天才论，应用于伦理学而已。”

这种分析极其明晰透彻，可以说使叔本华与尼采思想理论的转承关系一览无遗。

通过阅读尼采的《查拉斯图特拉如是说》(《察拉图斯德拉》)，王国维发现尼采在第一篇的第一章中的“灵魂三变说”：骆驼变为狮子变为赤子，其赤子之说，与叔本华的“天才论”有着明显的关系。尼采说：“赤子若狂也，若忘也，万事之源泉也，游戏之状态也，自转之轮也，第一运动也，神圣之自尊也。”这很容易让人想起叔本华在《作为意志与表象的世界》(《意志及观念之世界》)中所说的“天才论”：“天才者不失其赤子之心者也。盖人生至七年后，知识之机关即脑之质与量已达完全之域，而生殖之机关尚未发达，故赤子能感也，能思也，能教也。其爱知识也，较成人为深，而其受知识也，亦视成人之易。一言以蔽之曰：彼之知力盛于意志而已。即彼之知力之作用，远过于意志之所需要而已。故自某方面观之，凡赤子皆天才也。又凡天才自某点观之，皆赤子也。”

叔本华虽然在伦理学与形而上学中提倡意志同一论，这与尼采区别超人与众生似乎有天壤之别，但叔本华在知识论及美学上，却分为种种等级，极力提倡“知力上的贵族主义”，大力排斥美学上的“谦逊之德”，这就与尼采的理论大同小异了。关于这一点，王国维指出：“叔氏之崇拜天才也如是，有时对一切非天才而加以种种之恶谥：曰俗子，曰庸夫，曰庶民，曰舆台，曰合死者。尼采则更进而谓之曰众生，曰众庶。其所以异者，惟叔本华谓知力上之阶级惟由道德联结之，尼采则为此阶级于知力道德皆绝对的，而不可调和也。”王国维的这些论断，即使在今天看来，仍不失为真知灼见，对于今天研究叔本华与尼采仍然具有重要的参考价值和指导意义。

以“西方眼睛”观诸子之书

1902 年，张之洞等人的《奏定学校章程》出台之后，引起王国维极大的担心和不满。他在《哲学辨惑》及《奏定经学科大学文学科大学章程后》等几篇文章中多次提及此事，对张之洞非难哲学的观点逐条予以反驳。

王国维认为，哲学为中国固有之学，“然吾国古书大率繁散而无纪，残缺而不完，虽有真理，不易寻绎，以视西洋哲学之系统灿然，步伐严整者，其形式上之孰优孰劣，固自不可掩也。且今之言教育学者，将用《论语》《学记》作课本乎？抑将博采西洋之教育学以充之也？于教育学然，于哲学何独不然？且欲通中国哲学，又非通西洋之哲学不易明也。近世中国哲学之不振，其原因虽繁，然古书之难解，未始非其一端也。苟通西洋之哲学以治吾中国之哲学，则其所得当不止此。异日昌大吾国固有之哲学者，必在深通西洋哲学之人，无疑也。”对于“今欲治中国哲学，而废西洋哲学”，他表示非常不理解。

在他看来，中国哲学并不是比不上西方哲学，在中国古籍中蕴藏着丰富的哲学思想，但由于中国古书“繁散无纪”，论述缺少系统性，因此使得中国哲学难以为一般人所理解，需要用西方哲学来加以阐释。对此他身体力行，连续发表文章以实践他的这一理想。

关于这方面的文章如《老子之学说》《孔子之学说》《孔子之美育主义》《墨子之学说》《列子之学说》《子思之学说》《孟子之学说》《孟子之伦理思想一斑》《荀子之学说》《周秦诸子之名学》等，都是王国维用西方哲学观点对中国哲学做出的新的阐释。这些文章大都写于 1904 年到 1907 年，也就是他主编《教育世界》杂志的时期，文章也多在该杂志发表。通过这些文章，我们不难发现，王国维企图用西方哲学体系对中国哲学予以梳理，所以很多文章中都采用形而上学—伦理学—名学（逻辑学）这样的论说方式，分别对老子、孔子、墨子、列子、子思、孟子、荀子等人的形而上学及伦理学分章分节给予归纳阐释。

例如《孔子之学说》一文，共有《叙论》《形而上学》《伦理说》《结论》四部分，组成了一个完整的孔子哲学体系。

在《叙论》中，王国维先是对伦理学所研究的对象、任务，以及它与实践道德的关系作了简要的说明，然后从中西、南北的比较中，给孔子哲学自身的特点予以定位。在中西比较中，说明中国注重“实行”，而西方注重“思辨”；南北比较，是指以孔子为代表的北派（儒教）与以老子为代表的南派（道教）的比较，说明“北派气局宏大，意志强健，不偏于理论而专为实行。南派反之，气象幽玄，理想高超，不涉于实践而专为思辨”，并对儒、道两派的历史发展作了简要的回顾。

第一编《形而上学》，有一章《天道及天命》，主要阐述儒教关于天的观念，分《有形之天》《无象之天》和《“天人合一”与“仁”之观念》三节，分别解释天的几种意义。在第二节《无象之天》中，又分“主宰之天”“自然之理法与宇宙之本源”“有命说”三部分来解释无象之天的含义。在“自然之理法与宇宙之本源”中，王国维指出：“孔子亦以宇宙间一切现象，自时间、空间、因果律三者规定之，是实千古之卓识，而与叔本华氏稍相合也。”又说：“今以《易》理、叔本华氏之说相互比较，则其原理虽大有径庭，然叔氏之物质、物力与《易》之阴阳二气，皆使物变化之本质或动力，在其变化以外，则二者之说相似也。此外，因果律为伴一切变化之法则，故有变化即有因果律。孔子虽不说此，然儒之‘天理’，子思之‘诚’，叔本华之

‘意志’，皆为宇宙之本原，发现万有之一大活动力，故不甚相异也。”这可以明显见出王国维以西方理论（特别是叔本华）来阐释中国儒学的意图。

第二编《伦理说》，有四章，分别是《道德之标准》《德》《教育》和《政治》。

第三编《结论》，总结前两编的论述。这样，孔子的哲学成为一个完整的体系，使人们易于把握和理解。

胡适在1917年完成的《先秦名学史》中，自称他的这篇博士论文是“用现代哲学去重新解释中国古代哲学，又用中国固有的哲学去解释现代哲学”。但殊不知，早在十二年前，即1905年，王国维就曾做过这种工作，这便是《先秦诸子之名学》。这是王国维唯一一篇署名的研究先秦诸子的论文，连载于《教育世界》杂志1905年的第六期、第八期，但不知什么原因，现行的观堂遗书、全集都没有收录这篇文章。

王国维指出：

> 在希腊，则哀利亚派之芝诺（Zenon）因驳额拉吉来图（Heraclitus）之万物流转说，而创辩证论。至诡辩学派起，而希腊学术上之争论益烈，不三四传，遂成雅里大德勒（Aristotle）完备之名学。我国名学之祖是为墨子。墨子之所以研究名学，亦因欲持其兼

爱、节葬、非乐之说，以反对儒家故也。（见《大取》篇）荀子疾邓、惠之诡辩，淑孔子之遗言，而作《正名》一篇，中国之名学于斯为盛。暴秦燔书，学问之途绝。至汉武之世，罢斥百家，而天下之学术定于一尊，学术之争绝于此矣。辩论之事绝，而欲求辩论之术之发达，是欲购今日之巨炮坚舰于华胥之国，夫固不可得已。然勿以吾国名学发达之止于此，而遂谓此数子者无研究之价值也。如《墨子》、《经》上下之论定义（Definition），《大取》《小取》二篇之论推理之谬妄（Fallacy of Reasoning），荀子及公孙龙子之论概念（Conception），虽不足以比雅里大德勒，固吾国古典中最可宝贵之一部，亦名学史上最有兴味之事实也。

可以看出，王国维首先是抱着发扬光大中国固有的名学理论来写这篇文章的，他对中国先秦名学与希腊名学的对比和历史回顾，就是服务于这一目的的。在这篇文章中，王国维重点分析了墨子与荀子的名学。对墨子的研究是基于对《墨子》中的《经》上下、《经说》上下、《大取》《小取》六篇的仔细研读。他说："《经》下、《经说》上下，及《大取》篇，其属辞引类，皆当时熟语故事，又多夺句、误字，今不可解。可解者惟《经》上及《小取》二篇耳。"而《经》上但下"名之定义，而不论下定义之法则，故可不论”。所以，王国维实际上重点分析的是《小取》。在王国维看来，墨子的《小取》篇，主要讲的是“谬妄的种类”，认为“一切谬妄皆起于此类（Analogy）”。接着王国维具体分析了“是而然”“是而不然”“一害而一不害”“一是而一不是”这四种推理方式所容易导致的推理错误。

所谓“是而然”，是这样一种推理方式：“白马，马也；乘白马，乘马也。”也就是说根据“白马是马”这个前提，可以推论出“乘白马也是乘马”这个结论。但如果将这种推论方式无限扩大，就会犯种种错误。如：“获之亲，人也；获之事亲，非事人也。其弟，美人也；爱弟，非爱美人也。”可以说“其弟是美人”，但不能由此推论出“爱弟就是爱美人”，如果这样做，就显然犯了逻辑错误。

王国维指出：“墨子之定义论、推理论，虽不遍不赅，不精不祥，毛举事实而不能发见抽象之法则，然可谓我国名学之祖，而其在名学上之位置，略近于西洋之芝诺也。”王国维看到，虽然墨子的逻辑学非常不完备，缺乏系统性、理论性，但他毕竟是我国逻辑学的鼻祖，理应受到重视。同时，王国维又说：“然名学之发达，不在墨家，而在儒家之荀子。荀子之《正名》篇虽于推理论一方面不能发展墨子之说，然由常识经验之立脚地，以建设其概念论，其说之稳健精确，是我国空前绝后之作也。岂惟我国，即在西洋古代，除雅里大德勒之奥尔额诺恩（Organon）外，孰与之比肩乎？”如果说墨子在中国逻辑学史上的主要贡献在推理论，那么，荀子的贡献则主要是概念论。墨子是中国逻辑学的开创阶段，而荀子则是昌盛阶段，所以，王国维对荀子的名学更是推崇备至。

王国维对康德和叔本华的哲学著作非常熟悉，在分析荀子的逻辑学理论的时候，自然而然地便把康德、叔本华的理论拿来作为对比。康德认为，直观（Perception），只是人们的感觉（Sensibility）作用，而没有悟性（Understanding）作用，所以人的直观是不能认识本质规律的。而叔本华则认为，人在直观中是可以把握本质的，这一发现被叔本华自称为是“空前绝后之大发明”，然而照王国维看来，叔本华的“充足理由论文第二十一章之全文，不过荀子此节之脚注而已”。王国维在此所说的“荀子此节”，是指《荀子》中的这样一段话：

> 心有征知。征知，则缘耳而知声可也，缘目而知形可也。然而征知必待夫天官之当簿其类然后可也。五官簿之而不知，必征之而无说，则人莫不然谓之不知。此所缘而以同异也。

王先谦《荀广集解》注：征，召也，言心能召万物而知之。天官，当做五官，指耳目口鼻体。荀子在这段话中所讲的道理，其实就是叔本华在《充足理由的根据律》第二十一章中所证明的“直观之中有睿智的性质（Intellectual character）”。在此，王国维用叔本华的理论来发掘出《荀子·正名》中深刻的哲理，又用荀子的理论来更进一步地解释叔本华的理论。这就是陈寅恪在《王静安先生遗书序》中所说的“用外来之观念与中国固有之材料互相参证”，而王国维的这种读书治学的方法也正是胡适在写《先秦名学史》时所使用的“用现代哲学去重新解释中国古代哲学，又用中国固有的哲学去解释现代哲学”的方法。

托翁中译之嚆矢，西著译述之先锋

现在人们提起托尔斯泰，只要稍有文学知识的人，恐怕没有不知道他的，但要说起是谁首先将托尔斯泰介绍到中国来的，恐怕知道的人就不多了。

1904年十一月上旬，《脱尔斯泰伯爵之近世科学评》在《教育世界》二十一期（总第八十九号）发表，这是一篇摘译托尔斯泰的文章，但未署译者姓名。篇前有编者话，说："脱尔斯泰伯爵，俄国之大文学家，又今世之思想家也。尝就嘉本达氏之《近世科学论》，为文以批评之。谓今日之科学，若持此不变，则无益而有害。盖伯爵之意，欲世人知注意于道德，而勿醉心于物质的文明也。立论新奇，足令小儒咋舌。兹节译之。至说之是非，则在读者自审矣。"

嘉本达，英国人，托尔斯泰尝为其所著《现代科学》

作《序文》，抨击现代科学与物质文明。王国维晚年向逊帝溥仪呈《论政学疏》，其中抨击近代西方科学与文明，与托尔斯泰之论几出一辙。因此，陈鸿祥认为，此文当系该志编者王国维摘译，并说："'托尔斯泰主义'之在中国受到注意并予以译介，王国维及其所编之《教育世界》，实在是发了'嚆矢'。"

1905年四月下旬，《教育世界》第八、十期连续刊登了托尔斯泰的一部"军事小说"《枕戈记》，也未署译者姓名。篇前有编者话，说："《枕戈记》，为俄国现代文豪脱尔斯泰所著。假一军人口吻，述俄营情状也。日本二叶亭译之。江苏师范学堂取作习和文课本。本社据其译稿润色之。"可见这部小说是根据日译本转译为中文的。据陈鸿祥推测，这部小说的译者就是当时担任《教育世界》主编并在江苏师范学堂任教的王国维。

托尔斯泰的这部《枕戈记》今译为《砍伐森林》。原名《高加索军官的日记》，后改作《炮兵军士札记》，最后定稿中于《砍伐森林》下加副题"士官生的故事"。这是迄今所见第一篇中译托翁小说。

1907年1月，王国维又写了《脱尔斯泰传》，再次向国人介绍托尔斯泰。这篇文章连载于1907年《教育世界》第一、二期（总第一百四十三、一百四十四号），共十二章，长万余言。第一章《绪论》中说："俄罗斯，一专制之强国也，法令系于牛毛……然如此极端专制之国，而乃有一绝对自由之民。彼公然詈政府，诋国教，议法律政令之苛严，嘲备兵拓土之愚昧，而政府无如彼何，警吏无如彼何！彼所倡导之‘无拒主义’（今通译为‘勿抗恶’，或‘不抵抗主义’）。若转为国家对彼言之，其势力伟大若是。噫，异矣哉！系何人斯？则脱尔斯泰也。脱尔斯泰，非俄国之人物，而世界之人物也；非一时之豪杰，而千古不朽之豪杰也。以之为文学家，则惟琐斯披亚（莎士比亚）、唐旦（但丁）、格代（歌德）等可与颉颃；以之为宗教家，则惟路得（德）可与肩伍……”其推崇之情，溢于言表。在第五章《文学时代》中，王国维特举托尔斯泰的《战争两面观》（今译《战争与和平》）、《俺讷小传》（亦译《安娜小史》，今通译《安娜·卡列尼娜》）、《再生记》（今通译《复活》）为“千古不朽之作”，“海内文坛交相推重，与格代之《法斯德》（今通译《浮士德》）、琐斯披亚（今通译莎士比亚）之戏曲、唐旦（但丁）之《神曲》价值相等”，并分别介绍了以上三部名著的“事略”（即内容梗概）。这三部小说的“事略”写得简明扼要，而且富有情趣，即使今天读来，也仍然让人感到亲切而生动，是托尔斯泰小说很好的三篇导读。如果不是认真读过这三部小说，这样的“事略”是很难写成的。我们不妨全文抄录如下：

《战争两面观》事略：

有褒特尔伯爵者，年少而富。其戚斐希公爵，俗物也，慕褒之富，强以女海伦嫁之。顾夫妇不相得，褒疑妻与士官德禄额有染，与德禄额血斗，自是夫妇析居。旋有志于慈善事业，赴某地，途与旧友安德烈相值，互道所志，各有不同，一主为人，一主为己。安德烈者，亦青年贵族也，抱负伟大，有俯视一切之概。迨俄法构衅，投身行伍间，血战负伤，为法军所虏。其父濮坤士克以爵不得其子消息者二月。一夕，安德烈归来，安妻方以难产而卒，不及与夫谋一面，安痛之切，勇气沮丧，誓不复为军人。遂拟结庐山中，抚幼子以终隐焉，其遇褒特尔，即在此时也。既而一千八百八十年，俄法和议成，安德烈以偶然之机会，志向一转，复出而为改革军政员。其间遂与女子讷达夏相爱，讷之兄尼克拉士，先年亦从军，安之故友也。顾安父濮坤士克，性方严而执拗，谓将命安游历，俟一年后方议婚。安临行，往与讷达夏作别曰："卿有欲言，语褒特尔可也。"其间讷家计日贫，女偕其父鲁史特往谒濮坤士克，濮窘辱之，讷惭愤，以为与安德烈之婚约终无望矣。斐希公爵之子曰哀拿托，浪子也，见讷之色而悦之，讷颇为所惑。然未几，哀拿托又负之。女痛极仰药，遇救获免，病中忆及安德烈临别之言，往商于褒特尔，属为己谢罪。褒每见讷，爱慕之心殊切。会拿破仑再举北伐之师，俄国大乱，褒为爱国之念所驱，复从军。将行，其妻海伦请与之离婚，许之。褒在军中，为敌所虏，无何，遇救归，及遇海伦，痛责其不贞之罪。海伦恚，仰药自戕，褒之主我性质自是一变，遂全以平等普遍之爱为主义矣。是时安德烈之父以中风卒。安之妹玛丽亚贤而能爱抚兄子，遘兵乱，赖讷达夏之兄尼古拉士相助，始得避难乡间。二人相见，遂寄情焉。安德烈时亦在阵前。波罗的之役，受创倒于地，其侧有一伤兵，垂毙矣，询之，则为哀拿托，仇家也，然以死生呼吸，遂释宿怨相怜惜。适玛丽亚与讷达夏不期而至，讷见安大惭，谢过，安喜而恕之。安与哀拿托伤重，卒死于是。玛与讷结为姊妹，而玛则嫁于尼古拉士，讷则嫁于褒特尔。尼古拉士初时生计颇窘，后以勤俭故，产业增拓，过七年，家道蒸蒸日上。安德烈之遗孤既十五岁，居然为有望之少年矣。褒特尔以不平于时势，更约同志，立为十二月党。讷自适褒，以贤内助称，生子四人。一日，有尼之友台尼沙斐者来访，客于讷达夏，先年亦尝有恋慕之意，至是相间一笑，而全书即于是结穴。

《俺讷小传》事略：

俺讷者，活泼优美之女子也。嫁于嘉烈拿已八载，生一子矣。嘉年长头秃，性方严，与妻迥异，故伉俪殆不相得。俺讷之兄史剔维娶妇德丽，亦不睦，常相口角，因作书招俺讷至莫斯科属为和劝。俺讷至莫斯科后，一夕，赴某家夜会，与少年韦伦斯克偕舞，慕之。俺讷归京，韦亦乘汽车尾其后。先是韦曾慕一女子名客奇，往乞婚焉。客奇本寄心于烈文，烈文者，方正之士也，常耽冥想，恶都会之浮奢，而隐居田里，慕客奇甚切。顾客奇之母屡劝客拒烈文，客亦以韦伦斯克之甘言诱惑，颇为所动。洎烈文至都乞婚，忽为客所绝，郁郁而归。一夕，某家夜会，客奇靓装而往，竟是夕与韦对舞，将令满座妒煞矣，及见韦竟移情于俺讷，茫然含泪而出。旋驰往田间，诣烈文谢罪，烈许之，卒结为夫妇。俺讷既有外遇，憎夫之念益切，后与韦私生一子，堕产，势已殆矣。韦访之，值嘉烈拿于病榻之前，俺讷以死期既迫，自陈罪状于夫，且伏枕忏悔。嘉烈拿终宥韦罪，与之握手。韦忏悔，以手枪自杀，未及死。既而俺及韦俱愈，复犯奸。嘉烈拿怒而出其妻，俺乃嫁韦。然未几，既相反目，情谊日恶。俺既为神人所不容，又见弃于夫，恚甚，潜往莫斯科车站，投身轨间而死。盖与韦初晤面处也。烈文既娶客奇，伉俪甚笃，然无何，精神烦闷如故。著者于此，实自抒怀抱，隐以见人生之究竟目的，不仅在家庭和乐一端也。

《再生记》事略：

有少年公爵名奈克留窦，肄业大学时，寄居于伯母之家。其家有女婢名麦绿娃，貌美而性柔顺，奈爱之，两小无猜，初未有越礼之行也。后三年，奈既为军人，以血气方盛，渐习于放浪。后过伯母家，以力污麦绿娃，给纸币百卢布而去。麦绿娃成孕，不能适人，乃流为娼。十年后，有商人毙于院中，麦绿娃犯谋财杀人之嫌，对簿公庭。陪审诸员中，有奈克留窦在焉。麦不识奈，而奈则识麦，目睹所爱之人缧绁加身，惨然不忍。继念彼亦淑女耳，陷之于此，皆吾过也，惭恨交迫，思必出其罪而纳之为妻，以赎前愆。时奈已寄情于某家女，女美而富，婚约将成矣，至是遂毅然辞之。已而麦绿娃以罪状不实，官判流配西比利亚。奈为之一再控诉，仍不得直，因弃官爵财产，易农民装，乘下等车，尾麦之后，而往配所。乃见麦绿娃，白前意，麦惊曰："妾贱人，安敢辱贵介，君已矣！请绝此念！”麦识一国事犯希孟森，遂嫁之以示自绝于奈。奈不惟不嫉不怨，且哀麦之志，而喜其所适之得人也。见希孟森，复以善视此女相托。时有英国绅士访罪囚于西比利亚者，授奈以《圣经》一卷。奈读之，大有所感，自是一意向善，谓身沐基督之光，而得为再生之子云。

今天，当我们再来读这三部小说的内容提要的时候，除了译名与现在不同之外，其他的内容都是那样亲切感人。而在当时，托尔斯泰的小说还没有中译本的时候，可以想见，这三篇内容概要对于中国读者来说，是多么重要。那时，许多中国读者都是借助于它们首先了解托尔斯泰的小说的。

罗曼·罗兰在论述托尔斯泰与亚洲的关系时说：“在亚洲各国中，他感到在思想上与他最接近的是中国。……但托尔斯泰一直要等到 1905 年方能和老子的国人交换第一次通信，而且似乎他的中国通信者只有两人。当然他们都是出众的人物。一个是学者 Tsien Huang-tung（指律师，留俄学生张庆桐）；一个是大文豪辜鸿铭……”①

托尔斯泰给辜鸿铭的信是一封公开信，此信曾在德文《新自由报》和法文《欧罗巴邮报》上发表。《世界周刊》

① 傅雷：《亚洲对托尔斯泰的回响》，《傅译传记五种》，生活·读书·新知三联书店 1998 年版。

等英文报刊也曾予以转载。我国最早译介此信的是刘师培，他曾在《天义报》(创设于日本)第16、17、18、19期合刊上连载。托尔斯泰在信中说："中国人的生活常引起我的兴趣到最高点；我曾竭力要知道我所懂得的一切，尤其是中国人的宗教的智慧的宝藏：孔子、老子、孟子的著作，以及关于他们的评注。我也曾调查中国的佛教状况，并且我读过欧洲人关于中国的著作。"托尔斯泰的这封信写于1906年10月，刘师培的译文发表于1907年，与《教育世界》所刊的托尔斯泰传，恰在同一年，当时正值托翁八十寿辰前夕。由于托翁与辜鸿铭的通信(特别是他对中国的友好感情)，也由于日本对托翁之广为译介，托翁其人其事，开始为中国知识界瞩目；但向国内学界详尽译介其家世、生平、思想、风貌，并对其作品加以评述，当推王国维的这篇传记为第一。

除了托尔斯泰之外，还有其他一些西方文学大家及有影响的小说，也曾在《教育世界》专门介绍过。《教育世界》杂志设有"传记"栏目，介绍了许多文学大家的生平传记，这些没有署名的文章，现已查明，很多都是出自《教育世界》主编王国维之手。

1904年农历正月下旬，《教育世界》刊出了《德国文豪格代希尔列尔合传》，这是一篇介绍歌德与席勒的简要传记，文中对两人的生平、友谊及各自的文学风格特点，作了简明扼要的介绍。文中说："格代，诗之大者也！如春回大地，冶万象于洪炉。读其诗者，恍见飞仙弄剑，天马脱衔。希尔列尔，诗之高者也！如身在高峰，等五洲于一点。读其诗者，但觉沧海龙吟，碧山猿啸。论其博大清超，希不如格；论其沉痛豪放，格不如希。格代，感情之人也，以抒情之作冠乎古今；希尔列尔，意志之人也，以悲愤之篇鸣于宇宙。格代贵自然，希尔列尔重理想。格代长于咏女子之衷情，希尔列尔善于写男子之性格。格代则世界的，希尔列尔则国民的。格代之诗，诗人之诗也；希尔列尔之诗，预言者之诗也。”从译名的使用、文章的风格、论述的观点来看，这篇没有署名的文章，当出自王国维之手。

1907 年 4 月，《英国小说家斯提逢孙传》在《教育世界》“传记栏”发表。全篇连载于该杂志第七、八期（总第一百四十九、一百五十号），未署作者姓名。传中说：“斯氏之作小说时，有一定主义。其为彼之生命者，自由是也。”“少拉（今译左拉）虽以自然派小说家名，其实则亦罗曼奇克（今译罗曼蒂克）之一派也。”“要之，斯氏实十九世纪罗曼派之骁将。近代自然派之所以隆盛者，皆彼之功也。斯氏虽传斯科特（今译司各脱）之脉，然较彼仍有更上一步者……其性格之描写，为所享近代写实派影响之心理分析之笔。”篇末有“记者曰”，综述 19 世纪英国文学，云：“英国文学……如诗歌、小说，尤为十九世纪文学之特长，焕灿然之光，前古无比。就小说论之，自迭肯斯（今译狄更斯）、萨加列（今译萨克雷）以来，典丽遒劲，则有名媛夏罗脱·布伦贴（今译夏绿蒂·勃朗特）；平和优美，则有格斯列（亦译金斯莱）；此外，如脱罗罗普（亦译特洛陆普）、利特（亦译李顿）、科林斯（亦译柯林斯）、嘎斯开尔（亦译盖斯凯尔），均各有所长。而在诸家之中，独放异彩者，则斯提逢孙是也。其文学性质虽不敢曰推倒一切，然自为新罗曼派之一人；其笔致之雄深，思路之变幻，近世作者中，实罕见其匹。呜呼！谓非一代奇才耶？”

斯提逢孙，今通译斯蒂文森，英国19世纪小说家、诗人，主要作品有《金银岛》《新天方夜谭》及诗《儿歌集》。传中由近代欧洲文学流派之嬗递发展，以论述斯提逢孙“新罗曼派”之特色，曰“笔致雄深”，曰“思想变幻”，颇可与《人间词话》之有关论说参比而研究之。据陈鸿祥断定：这篇传记当为王国维据国外有关文学史及文学评论译编而成。

1907年10月下旬，《英国大诗人白衣龙小传》在《教育世界》“传记栏”发表，刊于该杂志第十二期（总第一百六十二号）。“白衣龙”，即拜伦，英国19世纪浪漫主义诗人。传称“白衣龙之为人，实一纯粹之抒情诗人，即所谓主观的诗人是也”。传中述说白氏“厌世怨世，继之以詈世”，颇可与《屈子文学之精神》中论屈原于悲愤中成“欧穆亚之人生观”相参比；又述说白氏之“著作中人物，无论何人，皆同一性格，不能出其阅历之范围者也”，云云，则可与《人间词话》中对“主观之诗人”与“客观之诗人”的论说相参比。所以，此篇亦为王国维据国外有关文学史及文艺评论译编而成。

当然，除了介绍文学家的生平，王国维还直接翻译了很多海外的小说。如1906年的“心理伦理小说”《爱与心》，就是王国维欲以“古雅”之笔，“译述”西方小说的一种尝试。

这篇小说连载于《教育世界》第四期至第七期（总第一百二十号至第一百二十三号）。篇首有按语，说：“《爱与心》者，阿褒利武斯所作。……是书大旨：谓爱者，男性也，神也；心者，女性也，人也。……要之，以爱为最高之道德，为最上之性情，为结合社会之最大势力，是耶稣之所谓‘博爱’亦即佛之所谓‘慈悲’，儒之所谓‘仁’也。故神怪小说也，亦即心理小说也，伦理小说也。近人不知文学为何物，小说为何物，徒以设局变幻，叙事新奇，取餍一时之快意，故侦探小说之类，充牣于坊肆。”

阿褒利武斯，是古罗马作家，约生于公元125年，著有《金驴记》《辩护辞》《英华集》。所谓《爱与心》，疑为《金驴记》之异译，乃著者的自传性小说，被列为世界最古的小说之一。按语称此为“心理”“伦理”小说而推崇备至，并借以斥责“取餍一时之快意”的“侦探小说之类”。其所阐发之基本观点，与《〈红楼梦〉评论》斥责“眩惑”,《古雅之在美学上之位置》提倡以“古雅”教育“众庶”，是一致的。所以可以断定，这篇小说的翻译必定出自王国维之手无疑。

中国现代心理学之父

1907年6月，商务印书馆出版了王国维翻译的《心理学概论》（上、下册）。这在现在看来，也许算不上什么了不起的事情，可在当时，却具有很大的意义。王国维翻译的这部《心理学概论》，被学术界誉为“第一部汉译心理学书”，从1907年到1935年不到三十年的时间，此书再版约十次，王国维也因而被推崇为“中国现代心理学之父”。

此书原著者为丹麦海甫定（Hoffding），出版于1882年。原译者是英人龙特（Loundes），王国维是根据英译本重译的。这个时候，王国维已进入清政府的学部，任总务司行走，学部图书局编辑，主持审定及编译教科书等事。这个译本正是供“师范学堂用”的心理学教科书。王国维在《三十自序（一）》中曾说过，他在1902年春天曾读过海甫定的心理学，但没有读完。至于王国维从何年开始翻译此书的，现已难以确切考定。据王国维的父亲王乃誉的《日记》手稿："光绪二十八年（1902年）壬寅，六月十九，辰，观静（静安）译《心理学》，弥见东人心思之细，推勘愈微，特译出仍与中书未能浃洽贯通如一耳。"既称"东人"云云，当非此一译本。除海甫定此书外，王国维当年又曾重译美人禄尔克之《教育心理学》，1910年出版，原译者为日人柿山番雄与松田茂。乃誉所称"东人"当指此而言。自1903年春至1906年初，王国维先后在南通、苏州两师范学堂任教，讲授心理学、伦理学、社会学等课程。海甫定此书的翻译，如作为两校教材，当在译禄尔克书（1902年）之后。据佛雏推测，或当译于1904至1906年之间。因王国维《〈红楼梦〉评论》（写于1904年）中，尚未见此书痕迹；而写于1906年的《屈子文学之精神》与《文学小言》二文，均已明显地运用过海甫定的观点。

当时王国维对心理学这门学科，十分重视。这从他写于1906年的《奏定经学科大学文学科大学章程书后》中，所拟"经学科""理学科""中国文学科""外国文学科"等四科的学习"科目"，无一例外，都规定有"心理学"一项，足以证明。

在《屈子文学之精神》中，王国维以"欧穆亚之人生观"解释"《小雅》中之杰作"，并断言屈子"《离骚》以下诸作，实此欧穆亚所发表者也”。这个“欧穆亚”（一般译为“幽默”）说究竟来自何处？（附带提一下，从西方引进“幽默”一词，并加以发挥，一般以为，始于主编《论语》时期的林语堂；其实，早在1906年，王国维就将“欧穆亚”运用于文学理论著作中去了）佛雏在《评王国维的喜剧说》中，曾举叔本华关于“幽默”的论点作为此说之源。后来他又补充了这种说法，认为王国维的“幽默说”最直接的根据，是在海甫定的书里。

海甫定《心理学概论》第六篇《感情心理学》中“滑稽之情”部分，谈“同情的笑”中说：“滑稽之情之对同情之对象而发者，谓之曰：‘欧穆亚’；及其发达，遂成一种之人生观，即：一面既知世界人生观之局促苦痛，愚暗不平，一面仍不失对一切生物之爱情，及对管辖自然及历史之势力之信仰故也。此种人生观实存于知一切伟大者必有其卑隘之方面，而吾人于笑其狭隘时，不忘其他方面也。”又说：“喜剧之作不独存于自由之意识，亦存于上文所述之人生观，以有此人生观故，故与讥讽诗（本于利己之情或反情而对一个人而发者）相异。且美术（文学艺术）亦以有此人生观故，故得真正之自由。喜剧家之自己，非与他人相反对之自己，而其暴露世界之卑劣愚妄，正所以保持其伟大及真实者也。故其势力之情，非利己的，而惟对与真理及正义相矛盾者，用为滑稽之材料。此吾人所以常视某人为好倡，而亦讥笑之者也。"

王国维后来在《人间词话》中力主"写实""理想"两派之合，并对之多所阐发，其理论来源也与海甫定的心理学有关。海甫定说："于材料及方法之选择中，一切美术之理想的原质存焉，此原质虽执写实主义者亦不能离之。此美术之开拓的方面，而使精神生活高蹈于他世界者也。夫诗人固有时或为思想家，或为学者，然从诗歌上言之，则其制作必不可徒翻译抽象的思想为篇什而已；必其想象、思想、感情始终自相调和而后可。故与抽象的思想以个物之形式者，谓之非心理学的理想主义。真正之理想主义必使实际之事实化为理想。格代（歌德）大服美尔克颂己之词，有以也。美尔克谓格代曰：'君之宗旨在与实际以诗歌的形式，他人则使所谓诗歌的想象的者，化为实际，是以荒谬而不可药也。'"

海甫定的书根据康德知、情、意三分法，分别探讨知识、感情、意志三方面的心理学，而于感情部分推阐尤详。他虽讲"意志之根本性"，视意志为精神现象之"最始的"与"最终的"，俨然为一叔本华之信徒。但与此同时，他也强调："在精神生活中，惟感情与感情之争耳。"他明白宣称："吾人于心理学上执经验主义，而排斥形而上学之思辨。"这就从根本上摆脱了叔本华的形而上学的意志本体说。他对叔本华哲学中那个作为人生苦痛之源的"生活之欲"，表示深深的怀疑："如吾人果有此种生活之欲，则其欲必不能持久。何则？苦痛之为物，无往而不与伤害吾人之生活及危其存在者相连络故也。就令苦痛之性质为积极的性质，然吾人于生存竞争中，亦必以经验沮之。"他又否定叔本华谓快乐为"消极的"、谓苦痛为"积极的"之说："吾人对快乐或苦痛而用'消极的'之语，甚无谓也。一切感情皆实在的，即积极的状态也。虽幻妄的快乐，亦一种实在的快乐，苦痛亦然。"又说："判断人生之价值时，与其以暂时之苦痛为标准，毋宁以快乐之久存及终胜为标准也。"这又从根本上拒绝了叔本华的"厌世论"即悲观主义。王国维之所以能够走进叔本华又能发现叔本华哲学的矛盾之处，很可能也与海甫定的心理学有关。

就在海甫定《心理学概论》出版的当年，王国维翻译的另一部译稿《辨学》也由学部图书编译局排印出版，并于京师五道庙售书处发行。王国维曾于1902年春天拜读过此书。《辨学》，原名《逻辑的基础教程：演绎和归纳》，英国耶方斯（Jevons.W.S）著。对此书，严复曾节译过，署名《名学》。王国维此次是根据原书全书重译的，共九篇、三十三节。这个译本，被推为"比较忠实地照原文直译"，"书中所用术语的译名，和现在通用的大致相同"，"在过去常被用为教材"。1959年由三联书店作为《逻辑丛书》之一，重新排印出版。

王国维在翻译耶方斯的《辨学》之前，在1904年曾阅读并翻译过日本文学博士桑木严翼的《荀子之论理学》[①]。在日本，逻辑学被称为“论理学”，而在中国则被称为“名学”。桑木严翼的这篇文章就是谈荀子名学的，最初发表于1898年，是日本关于中国名家的第一篇正式研究论文，也是被日本学术界公认为代表了当时理论水平的重要论著，对中国古代哲学的研究，曾产生过一定的影响。在这篇文章中，桑木指出：“自公孙龙唱白马、指物之论，惠施之徒和之，至昧是非之别，没同异之辨，比之希腊芝诺之驳物之复杂与运动，辩论之巧，不见有逊色。比之印度数论派之徒，破声论派之百方声常住之说，宁有优无劣。此外如孟、荀诸家之说，构理整严而不乱，足以证其富名学的精神也。然在希腊，自芝诺以降，经诡辩学派而论法益精妙，遂生雅里大德勒（今通译亚里士多德）之名学。在印度，足目出而自数论、声论之论驳中，抽象之而作因明学。……然细检之，支那哲学中岂竟无此等论说之片影乎？曰：有。荀子之《正名篇》是已。”又说：“荀子之论，虽不免有粗漏之弊，然自其具学问之系统之点观之，与雅里大德勒之名学无所异。”又说：“余非以荀子之于名学史上之位置，在雅里大德勒之上，或凌驾近世之名学者也。然荀子所贡献于名学上

① 王国维的译文以《荀子之名学说》为题发表于1904年五月上旬《教育世界》杂志第九期上。

者，终非是等诸子之所及。若强于西洋名学史上求其偶，其在苏格拉底与雅里大德勒之间乎！”可以看出，这篇文章主要是运用中西比较的方法，来探讨中国古代的逻辑理论。大概正是由于意识到逻辑学的重要性，所以王国维在翻译完桑木的《荀子之名学说》之后，又决心将过去曾读过的耶方斯的《名学》(《辨学》)翻译成汉语，以便让国人对逻辑学这门学问有一个系统的全面的了解。

此书第一编《绪论》中说:“辨学之定义，约而言之，则推理之科学也。……思想之法则，谓人人思索中，限其不谬妄或不自相矛盾时，有一种不变之定律也。此种法则，乃一种之自然律，与人为律大异。”王国维的文章富有思辨性、逻辑性，不能不说与他重视逻辑学有关。而他所写的几篇关于中国古代逻辑学（名学）的论文，很显然也都与耶方斯的这部逻辑学有关。

从哲学到文学的嗜好之变

王国维在苏州教书期间（1904—1906），也是他一生中治学发生转移的时期。一方面他仍然倾心于哲学，继续研读康德、叔本华等德国哲学著作；另一方面，治哲学之暇，兼以填词自遣，兴趣逐渐由哲学移于文学。他在《三十自序（二）》中说："余疲于哲学有日矣。哲学上之说，大都可爱者不可信，可信者不可爱。余知真理，而余又爱其谬误。伟大之形而上学，高严之伦理学，与纯粹之美学，此吾人所酷嗜也。然求其可信者，则宁在知识论上之实证论，伦理学上之快乐论，与美学上之经验论。知其可信而不能爱，觉其可爱而不能信。此近二三年中最大之烦闷，而近日之嗜好所以渐由哲学而移于文学，而欲于其中求直接之慰藉者也。"他又说："近年嗜好之移于文学，亦有由焉，则填词之成功是也。余之于词，虽所作尚不及百阕，然自南宋以后，除一二人外，尚未有能及余者，则平日之所自信也。虽比之五代、北宋之大词人，余愧有所不如；然此等词人，亦未始无不及余之处。”在他看来，“文学者，游戏的事业也。人之势力，用于生存竞争而有余，于是发而为游戏。婉娈之儿，……其势力无所发泄，于是作种种之游戏。……而成人以后，又不能以小儿之游戏为满足，于是对其自己之感情，及所观察之事物，而摹写之，咏叹之，以发泄所储蓄之势力。故民族文化之发达，非达一定之程度，则不能有文学。”（《文学小言》）“文学、美术亦不过成人之精神的游戏，故其渊源之存于剩余之势力，无可疑也。”（《人间嗜好之研究》）也就是说，作为精神游戏的文学可以使人的剩余的精力得到升华，可以医治人们精神的空虚和苦痛。

1906年农历三月，王国维随罗振玉辞去江苏师范学堂的教职（不久即赴北京学部任职），同时将数年间所写的词编辑成《人间词甲稿》，并托名“山阴樊志厚”为《人间词》撰写序，其中说：

“王君静安将刊其所为《人间词》，诒书告余曰：‘知我词者莫如子，叙之亦莫如子宜。’余与君处十年矣，比年以来，君颇以词自娱。余虽不能词，然喜读词，每夜漏始下，一灯荧然，玩古人之作，未尝不与君共。君成一阕，易一字，未尝不以讯余。”

又说：

“既而暌离，苟有所作，未尝不邮以示余也。然则余于君之词，又乌可以无言乎？夫自南宋以后，斯道之不振久矣，元、明及国初诸老，非无警句也，然不免乎局促者，气困于雕琢也。嘉、道以后之词，非不谐美也，然无救于浅薄者，意竭于摹拟也。君之于词，于五代喜李后主、冯正中，于北宋喜永叔、子瞻、少游、美成，于南宋除稼轩、白石外，所嗜盖鲜矣！尤痛诋梦窗、玉田，谓梦窗砌字，玉田垒句，一雕琢、一敷衍，其病不同，而同归于浅薄，六百年来词之不振实自此始。其持论如此！及读君自所为词，则诚往复幽咽，动摇人心，快而沈，直而能曲。不屑于言词之末，而名句间出，殆往往度越前人。至其言近指远，意决而辞婉，自永叔以后，殆未有工如君者也。君始为词时亦不自意其至此，而卒至此者，天也，非人所能为也。若夫观物之微，托兴之深，则又君诗词之特色，求之古代作者罕有伦比。呜呼！不胜古人，不足以与古人并，君其知之矣！”

在1907年的序中又说："静安之为词，真能以意境胜。夫古今人词之以意胜者，莫若欧阳公；以境胜者，莫若秦少游。至意境两浑，则惟太白、后主、正中数人足以当之。静安之词，大抵意深于欧，而境次于秦。至其合作，如《甲稿》《浣溪沙》之'天末同云'、《蝶恋花》之'昨夜梦中'，《乙稿》《蝶恋花》之'百尺朱楼'等阕，皆意境两忘，物我一体。……方之侍卫，岂徒伯仲。此固君所得于天者独深，抑岂非致力于意境之效也。至君词之体裁，亦与五代、北宋为近。然君词之所以为五代、北宋之词者，以其有意境在。"

王国维所托名樊志厚者，就是当年他在东文学社的同窗好友樊炳清。而他用"人间"来命名自己的词集，是因为在他的词稿中有十几处用"人间"字，"人间"也便成了王国维的号。可以看出，王国维对自己的词作是自视甚高的。他鄙视晚近词坛的雕琢与轻浮，他所向往的是那种形式朴淡、意趣高远的作品。他认为唐、五代词是最佳之作，宋次之，北宋的欧阳修、苏东坡、秦观、周邦彦算得上是大词人，南宋则只有辛弃疾一人的词作堪读，因此他填词力追五代、北宋之风。

在谈到王国维的兴趣逐渐转移于诗词创作的时候，有一个生活细节不应该为我们所忽略，那就是在这一时期，王国维家中连遭不幸，给他的心灵所带来的负面影响。

先是父亲的病故。父亲王乃誉是在1906年病故的，享年仅60岁。这时王国维已辞去苏州的教职，而随罗振玉到北京学部任职，并住在罗的家中。当他在京得知父亲病故的消息后，急忙赶回海宁老家奔丧。父亲于当年的11月被安葬在故乡的土地中。对于王国维来说，父亲的去世确实给他带来了极大的悲痛。王国维从小受父亲教诲，父亲有思想、有学识，而最终也没能得到社会的承认，这不能不使王国维感到由衷的悲叹。

祸不单行，次年的8月4日，夫人莫氏又病卒，年仅34岁。王国维可以说是中年丧妻，而三子尚幼待育，其凄苦之状可想而知。

1908年元月，继母叶太夫人又病逝。

连续三年，不停遇到亲人病逝，这无疑更加重了他忧郁的性格。而诗词创作，正可以使他悲苦的心灵得到直接慰藉，这不能不说也是王国维兴趣转移于文学的一个重要的原因。

王国维的《人间词甲稿》最早发表于《教育世界》1906年第七期，共有六十一阕。《人间词乙稿》于第二年发表于《教育世界》第十九期，共有四十三阕。关于它们的写作时间及地点，据陈鸿祥考证推测，《甲稿》的绝大部分当作于赴苏任教，“以填词自遣”之际，大约是在1904年秋冬至1906年农历正月、二月之前；其中，又有大半作于苏州，小半则作于返海宁休假期间；赴苏任教以前，甲稿词序所谓“每夜漏始下，一灯荧然，玩古人之作，未尝不与君共。君成一阕，易一字，未尝不以讯余”，其在沪与樊君“共赏”之词，试以意揣测，则如《鹧鸪天·阁道风飘》：“层楼突与云齐”，“千门万户是耶非”，如非寓居“十里洋场”之上海，恐不能有此描写。又如《点绛唇·高峡流云》：“人随飞鸟穿云去”，“岭上金光，岭下苍烟沍”，与辛亥后所作《昔游》诗中“大江下岷峨，直走东海畔”，意境颇为相近；而《浣溪沙·昨夜新看北固山》，当为追记上海至武昌途经京江（今镇江）游览所感。再如《踏莎行·绝顶无云》《浣溪沙·山寺微茫》，其“意”与“境”皆与癸卯年在南通所作诸诗相近，故亦可视为乃1904年春夏在沪执编《教育世界》杂志期间填就。甲、乙稿词之断限，当以《蝶恋花·莫斗婵娟》为界。在此之后所为词，悉入《人间词乙稿》及《观堂长短句》中，在此之前所为词，则间有编入《人间词乙稿》者，如《虞美人·纷纷谣诼》，王国维于手稿上自注：“《甲稿》末之《蝶恋花》本填此调，因互有优劣，故两存之。”又《点绛唇·厚地高天》：“霜林独坐，红叶纷纷堕”，“小斋如舸，自许回旋可”可能也是在苏州时所作。

关于《人间词乙稿》的写作地点及时间，陈鸿祥认为：由词意度之，当起自丙午（1906年）夏抵京以后，迄于本年七八月间，其作于北京及海宁者，或各居其半。其中如《蝶恋花·冉冉衡皋》，罗振常“按”曰:“此首悼亡”(罗刊《汇编》本《人间词乙稿》)，盖悼发妻莫氏，当在海宁。《浣溪沙·七月西风》“黄埃和叶满城飞”，当在北京。大概这时，由于阅历渐深，又遭父丧妻亡，故见于其词，较之“往复幽咽，动摇人心”之甲稿词，益显沉郁苍凉。其词境，或以为与清初纳兰性德及万寿祺为近。

词话“人世间”，读书“三境界”

然而，王国维自视甚高的《人间词》并没有引起社会的广泛注意，倒是他的《人间词话》，对后世产生了更大的影响。

关于《人间词话》的写作时间，据陈鸿祥推测，大概起笔于1906年夏秋以后，迄于1908年秋冬（不当迟于九月）之际，前后历时一年半至两年。在这段时间，王国维除了自己作词之外，对于历史上的词家也多有评述，从而给我们留下了一笔非常宝贵的精神财富。

新中国成立后，《人间词话》曾有多种版本行世，其中较有影响的有：一是徐调孚注、王幼安校订本，即《蕙风词话·人间词话》合订本（人民文学出版社1963年版），共三卷，以王国维手定的六十四则为主，次为《删稿》，又次为《附录》，称“通行本”（台北印行诸本，亦多据此重印）。二是滕咸惠校注的《人间词话新注》本（齐鲁书社 1981 年版），共二卷，其上卷手稿一百二十六则（其中一则为手稿所无），下卷《附录》二十八则（较“通行本”增出六则）。三是陈杏珍、刘烜重订《人间词话》本（《河南师大学报》社科版，1982 年第 4 期），“将手稿中的材料集中起来，全部予以发表”，共一百二十四则，分两卷，其上卷则手定之六十四则，下卷为《未刊手稿》。又附录一《自编〈人间词话〉选》，据王国维《二牖轩随笔》录出；附录二《人间词话删稿》，为王氏从手稿上删去者，共十二则；附录三手稿本卷首题诗《戏效季英作口号诗》。四是佛雏据王国维写于其弟王国华早年所用“养正书塾劄记簿”上的手稿原本，对照上述“通行本”“新注本”“重订本”，“细加比勘”，予以“详尽的补校”，[①] 这应该算是“补校本”。

从上述这几个本子来看，王国维对于中国词学的研究，其涉猎的范围是极其广泛的，几乎就是一部中国词史。

1908 年 11 月，王国维在《国粹学报》第 47 期刊出《人间词话》21 则。次年年初，又在《国粹学报》第 49 期、第 50 期连刊《人间词话》43 则，合去年刊出的 21 则，共

① 佛雏：《〈人间词话〉手稿补校后记》，《扬州师院学报》社科版，1987 年第三期。

64 则，这就是由王国维亲自撰定的《人间词话》本。这 64 则其实只是他所写的许多词话中的一部分。大概从 1908 年春天他与继室潘夫人完婚，定居于北京宣武门新帘子胡同之后，生活较为安定下来，除了在学部任职，有较多的时间来考虑改订往年所写的词话。也许正是因为《人间词话》的内容过于博杂，所以王国维才从中精选出 64 则，予以条理化、系统化，这也可以看出他的匠心所在。

对于《人间词话》的这种编排，叶嘉莹曾发表过很好的意见，可以作为参考。她指出：

> 从这 64 则词话的编排来看，第一则至第九则是王国维评词的理论标准：
>
> 第一则提出“境界”一词为评词的基准。
>
> 第二则就境界的内容所取材料之不同，提出了“造境”与“写境”之说。
>
> 第三则就“我”与“物”间关系之不同，分别为“有我之境”与“无我之境”。
>
> 第四则提出“有我”与“无我”二种境界所产生之美感有“优美”与“宏壮”之不同，为第三则之补充。
>
> 第五则论写作之材料可以或取之自然或出于虚构，又为第二则“造境”与“写境”之补充。

第六则论“境界”非但指景物而言，亦兼内心之感情而言，又为第一则“境界”一词之补充。

第七则举词句为实例，以说明如何使作品中之境界得到鲜明的表现。

第八则论境界之不以大小分优劣。

第九则为境界之说的总结，以为“境界”之说较之前人之“兴趣”“神韵”诸说为探其本。

从这九则词话来看，王国维想为中国诗词确立一种新的批评基准及理论。所以这九则词话可以看成是《人间词话》中的批评理论。至于散见于《人间词话》其他各卷的一些零星的论见，则都可以看做是对于这一套基本理论的补充及发挥。从以上九则词话以后，自第十则至五十二则乃是按时代先后，自太白、温、韦、中主、后主、正中以下，以迄于清代之纳兰性德，分别对历代各名家作品所作的个别批评。这一部分是《人间词话》中的批评实践。至于《人间词话》中其他二卷中由后人所收辑的静安先生一些谈词谈诗的评语，当然也都可作为此一部分之参考资料。不过可注意的乃是在个别批评中，王国维却偶或也仍然作些理论方面的发挥。例如论清真词时兼论“代字”，论白石词时兼论“隔”与“不隔”，便都是既有个例又有理论的例证。此外，在其上卷之末，自第五十三则之后，还有数则词话分别论及历代文学体式的演进、诗中的隶事、诗人与外物之关系、诗中之游词等，都是王国维在批评实践中的一些重要结论。最末二则且兼及于元代之二大曲家，可见其境界说之亦可兼用于元曲，为其《人间词话》作了一个余意未尽的结尾。从这种记叙次第来看，《人间词话》上卷虽无明白之理论体系，然其批评理论与其批评实践，透过各则词话之编排安置，却仍然是颇有脉络及层次可寻的。[①]

今天，当我们再次读王国维的《人间词话》的时候，不能不对他敏锐的艺术感受力感到由衷的钦佩。应该说，王国维的《人间词话》之所以能够取得这样大的成绩，这首先当然应该归功于他的读书认真、一丝不苟。如果不是对于中国古词反复诵读，烂熟于心，怎么可能对它如数家珍、信手拿来呢？怎么可能对每一位词家做出如此恰当精辟的评论呢？

当然，王国维对古词的研究，还仅是他文学研究的一个特例，其他如对中国历史上一些文学家的评论："西汉之匡、刘，东京之崔、蔡，其文之优美宏壮，远在贾、马、班、张之下，而吾人之嗜之也，亦无逊于彼者，以雅故也。

① 叶嘉莹:《王国维及其文学批评》，广东人民出版社1982年版，第187、188页。

南丰之于文，不必工于苏、王，姜夔之于词，且远逊于欧、秦，而后人亦嗜之者，以雅故也。”又如：“以文学论，则除前所述匡、刘诸人外，若宋之山谷，明之青邱、历下，国朝之新城等，其去文学上之天才盖远，徒以有文学上之修养，故其所作，……亦以其典雅故，遂与第一流之文学家，等类而观之。”像如此熟练地评点如此众多的中国古代文学家，而结论又如此精辟恰当，这在王国维的文学论文中可以说是随处可见的。没有对中国文学经过长期认真的研读，确实是很难达到如此自由的境界的。

长期以来，人们在对王国维“三境界”说的解释上一直存有分歧。实际上，“三境界”的内涵是极其广泛的，人们尽可以从不同的角度去阐释。而如果将它用来说明王国维本人的读书生活，也是非常恰当的。

读书“三境界”最早是王国维在1906年撰写的《文学小言》第5则中正式提出来的，不过，那时他用的是“阶级”这个词，全文如下：

古今之成大事业、大学问者，不可不历三种之阶级：“昨夜西风凋碧树，独上高楼，望尽天涯路。”（晏同叔《蝶恋花》）此第一阶级也。“衣带渐宽终不悔，为伊消得人憔悴。”（欧阳永叔《蝶恋花》）此第二阶级也。“众里寻他千百度，蓦然回首，那人却在，灯火阑珊处。”（辛幼安《青玉案》）此第三阶级也。未有不阅第一、第二阶级而能遽跻第三阶级者。

王国维着重强调读书、成就大事业大学问，都需要知识的逐步积累，需要循序渐进，只有积累至一定程度，才可以出现飞跃，才能够显现奇迹，发生质变，而企图走捷径，投机取巧，偷工减料，这是不行的。很明显，王国维提出“三阶级”说，也是对自己的希望和要求，可以看作他自己读书做学问的准则、座右铭。后来，为了强调创作和批评的最高标准、文学论的核心“境界说”以及“境界说”的不同含义，王国维在《人间词话》中又将“阶级”正式改为“境界”，重申了他的读书“三境界”：

古今之成大事业、大学问者，必经过三种之境界：“昨夜西风凋碧树，独上高楼，望尽天涯路。”此第一境界也。“衣带渐宽终不悔，为伊消得人憔悴。”此第二境界也。“众里寻他千百度，蓦然回首，那人却在，灯火阑珊处。”此第三境界也。

这三个境界相互衔接，依次递进，有时界限并不那么明显，但也有各自的特征。所谓“昨夜西风凋碧树，独上高楼，望尽天涯路”，意思是说，对于知识，首先应该有

“独上高楼”的勇气，要有求知欲，应该有一颗善感的心灵。“望尽天涯路”一语，虽带有迷茫、幻想的成分，但一定要坚信自己，只要有信心，就总有一条适合你的路来供你选择。

“衣带渐宽终不悔，为伊消得人憔悴”，这是属于反复的异常艰辛的阶段。这时治学者已“入乎其内”，经过反复苦苦求索，对于自己所要研究的对象已有了充分的了解，然而对象却依然“活”不起来，任你四面八方，千呼万唤，而“伊”终不肯出。这正处于人们对个别事物的一般认识进入到对事物本质性把握的中途，但还没有完全进入自由王国，这里需要一点灵感，“灵感”未至，“衣带”再“宽”，“人”再“憔悴”，也是无济于事的。

“众里寻他千百度，蓦然回首，那人却在，灯火阑珊处。”意思是说，经过千锤百炼，反复揣摩，对于自己所研究的对象仿佛突然之间得到了“顿悟”，仿佛突然之间进入了一种新的境界。这就是一种质的飞跃，看似很玄，其实正是量的辛勤积累的必然结果，是通过苦苦求索从必然王国走进自由王国的正当历程。

王国维对于治学读书，其中的酸甜苦辣，体会是相当深刻的。而他自己也确实已经历了这三个阶段，所以才会有这样的体验。

词山曲海，手钞手校

由王国维本人撰定的《人间词话》六十四则，是从1908年10月开始发表的，而在此之前的几个月中，他还校注编写过其他的一些词书。

1908年的4月，以汲古阁（毛晋）刻《片玉词》为底本，以四印斋（王鹏云）元巾箱本校读宋人周邦彦的《片玉词》。

5月，从《全唐诗》中录成《南唐二主词》一卷，又从宋人陈旸的《乐书》补《玉树后庭花》，从《尊前集》补《一斛珠》，从《历代诗余》补《菩萨蛮》《谢新恩》，从《墨庄漫录》补《柳枝》，从《花间续集》补《临江仙》，从《词苑辨正》补《捣练子》上半阕。这样便辑成较为完整的南唐二主李璟、李煜的词集。

6月，据《花间集》《尊前集》《历代诗余》《全唐诗》《草堂诗余》等书辑唐五代词，共得十九家十九卷。又从《古今词话》补录李后主《三台令》一首，辑入《南唐二主词》中。

7月，撰成《词录》，并作《〈词录〉序例》。又从厂肆中觅得焦循所藏《词林万选》，并为跋。

1908年的这四个月，王国维专心于词集的整理收集工作。而《词录》则是对从宋至元词目的汇总，它与王国维不久写成的《曲录》一样，都是重要的资料索引性著作。对这样一部著作的撰写，王国维却自称是“聊用消夏”，从中我们可想见他治学的那种从容不迫的神态。

在完成《人间词话》之后，1908年的下半年，他开始将主要精力用在戏曲的研究上。但他并没有停止对古词的研究。如果按照时间的推移来察看王国维在北京学部几年的读书情况，我们将发现，他这一时期的主要精力是用在词与曲的研究上。他所使用的读书方法仍然是词书与曲书交替阅读。

日本榎一雄先生曾根据东洋书库所藏王国维手钞手校词曲书二十五种，写成《王国维手钞手校词曲书二十五种》一文，发表于《东洋文库书报》第8号，为我们了解王国维这一时期的读书情况提供了很大的帮助。这二十五种词曲书分别是：

（1）校宋本《乐章集》三卷目，校宋本《乐章集》所增词一卷，共一册。宋柳永撰，王国维手钞，有跋。

（2）《半山老人歌曲》一卷，宋王安石撰，王国维手钞，无跋。

（3）《王周士词目录》及《王周士词》一卷，宋以宁撰，王国维手钞，无跋。

（4）《双溪文集》卷八，宋王炎撰，王潜明（王国维长子）手钞，王国维跋。

（5）《竹友词》一卷，宋谢迈撰，王国维手钞，有跋。

（6）《赤诚词》一卷，宋陈克撰，王国维手钞，有跋。

（7）《诚斋乐府》一卷，宋杨万里撰，王国维手钞。

（8）《宁极斋乐府》一卷，宋陈深撰，王国维手钞，有跋。

（9）《寿域词》一卷，宋杜世安撰，汲古阁刊本，魏佰子旧藏书。王国维校，有跋。

（10）《蜕严词》二卷。元张翥撰，旧钞本，王国维校，有跋。

（11）《欧梦词》一卷，清刘履芬撰，手稿本，有杜文澜诸人批，王国维跋。

（12）《宋名家词》五集五十册。明毛晋辑，古虞毛史汲古阁刊。各册卷尾有王国维识语。

（13）《尊前集》二卷二册，影写明顾芳本。有王国维跋印记。

（14）新刊《古今名贤草堂诗余》四卷四册，明李谨辑，刘时济梓刊，王国维校及跋。

（15）《梅苑》十卷二册，宋黄大舆辑，楝亭刊本，王国维手校及跋。

（16）《梅苑》十卷二册，宋黄大舆辑，淮南宣氏据曹本重刻本。有王国维跋。

（17）《词林万选》四卷二册。明杨慎辑，明琴川毛氏汲古阁刊本。有王国维识语。

（18）《词学丛刊》十册，清秦思复辑。江都秦氏享帚精舍利本。光绪六年邗江承启堂重修本。《乐府雅词》卷首有王国维印记，中卷有王国维校记。

（19）《周氏词辨》二卷。《介存斋论词杂著》（一卷）。清周济辑，光绪戊寅刊。王国维批点校语跋。

（20）《紫鸾笙谱》二卷二册。清陈文述撰。清道光十一年刊本，汉上青鸾阁藏版。有王国维识语。

（21）《元曲选》十集（元百种曲）明藏晋叔辑刊，王国维全部圈点，有跋。一百册。

（22）明七种六册。传录宣德本，有王国维跋。这七种明剧分别是:《新编张天师明断辰钩月》《新编吕洞宾花月神仙会》《新编瑶池会八仙庆寿》《新编东华仙三度十长生》《群仙庆寿蟠桃会》《新编紫阳仙三度长春寿》《吴起敌秦挂帅印杂剧》。其中《张天师明断辰钩月》《吕洞宾花月神仙会》二种，王国维影钞。

(23)《雍熙乐府》二十卷二十册。明郭勋辑，明嘉靖十九年序刊本。王国维识语，图记。

(24)《录鬼簿》二卷。元钟嗣成撰，王国维手钞本，王国维跋。

(25)《曲品》三卷附《新传奇品》一卷一册。《曲品》明郁蓝生撰，《新传奇品》高弈撰。王国维手钞跋。

关于这些书的来源，榎一雄指出：1916 年王国维由日本归国回上海之际，考虑到抵沪后书籍缺乏，便在日本书店购置《太平御览》《戴氏遗书》等书。这时，罗振玉也将所藏复本若干书赠给王国维。为此王国维回赠所藏词曲诸善本予罗振玉，并感谢罗振玉数年“厚惠”。王国维赠罗振玉究竟哪些书，现在已不清楚。但作为其中一部分的二十五种已发现藏于日本东洋文库。这些书分别盖有“罗振常读书记”之印，并有罗振常署名的校记、跋文。由此确知这些书先由罗振玉处转到其弟，即在上海经营“蟫隐庐”书店的罗振常之手。1928 年 7 月，由经文求堂归入东洋文库。当时购入的价格计 3532 元。文求堂还为这些书编排了题为《海宁王静安国维手校词曲书目》的目录表。这些书大多是王国维 1908 年以后在京所读的书，当然也包括一部分 1912 年移居日本以后所读的书。但不管怎么说，这二十五种只是王国维所读词曲书籍的一部分，他实际上所读的词曲书籍肯定还要比这多得多。王国维本人曾手写过一本自己的藏书目录《静安藏书目》，有关词曲诸书有：

《花间集》徐氏刻宋绍兴本一本

《类编草堂诗余》明刻一本

《绝妙好词笺》四本

毛刻《宋名家词》第一集至第五集五十本

《宋六十一家词》汪刻廿六本

《山中白云词》四本

《草窗词》一本

《词学丛书》十册

《白仁甫词及蚁术词选》一册

《王阮亭选倚声初集》六册

《御选历代诗余》三十二本

《四印斋所刻词》三套

《草堂诗余》《词苑英华》本五册

《花庵词选》同五册

《词林万选》同焦里堂藏书二册

《尊前集》钞本。影钞嘉禾顾梧芳刻本二册

《天崧轩词语词选》三套

《张子野词》钞本一册

《梅苑》楝亭十二种本二册，又宣氏本二册

《盖白石诗词》淮南宣氏刻二册

《纳兰词》二本

《张董词选》二本

《周氏词辨》一册

《陈检讨词选》一册

《常州词录》十二册

《箧中词》二册

《半塘丙丁戊稿》二册

《清梦庵二白词》一本

《庚子秋词春蛰吟》二本

《半塘词定稿》一本

《紫鸾笙谱》二本

《彊邨词》一本

《冰蚕词》一本

《词律》十本

《词律拾遗》六本

《宋元词综》八本

《宋六十一家词钞》四本

《欧梦词》刘彦翁手稿本一册

《过朝词雅》八册

《录鬼簿》手钞本一册

《曲品》手钞本一册

《传奇汇考》精钞本十册

《杨朝英阳春白雪》仿宋本一册

《元曲选一百种》一百册

《六十种曲》一百廿册

《雍熙乐府》嘉靖楚藩刻本廿册

《北宫词纪》四册

《南北九宫大成》殿本五十册

《南词定律》殿本八册

《北词广正谱》八册

《啸余谱》十册

《纳书楹曲谱》十册

《西厢记》

《长生殿》

《牡丹亭》

《帝女花》

《桃溪雪》

《董西厢》二本

《琵琶记》二本

明刻《牡丹亭》四本

玉铭堂刻《昙花记》二本

《曲西堂曲腋》钞本四本

尽管我们还不能确定，王国维所藏的这近五十种词曲书，他都仔细地读过，但他至少浏览了其中的大部分，还是可以肯定的。而且从他所写的有关词曲论文的引证中，从他所写的书跋中，我们还可以推知他读这些书的大体时间。例如他作的《紫鸾笙谱跋》，末署“宣统改元春二月晦”[1]，即可知道，他读《紫鸾笙谱》的时间大概是在1909年二月。又如他在《梅苑跋》中写道：“宣统改元闰二月，唐风楼主人（即罗振玉）赠余以淮南宣氏所刻《梅苑》。不旬日，又得此本。数年之所求者，一月而两得之，欢喜无量。人间词隐记于宣武城南之学学山海居。”这篇跋写于楝亭本上，跋中所说“又得此本”即指此楝亭本。由这篇跋中，我们除了知道王国维读《梅苑》的大体时间是在1909年闰二月之外，还可知道，王国维所读的《梅苑》有两个版本：宣刻本与楝亭本。

总之，这一时期，王国维所手钞手校的词曲书籍是很多的，我们不可能一一列举，仅就其中较为重要的几本词集略加说明，以窥其读词书之大要。

《寿域词》是宋朝杜安世所撰，共四卷。王国维于1909年六月曾以汲古阁刻本为底本，以诸家词集及《全芳备祖》校之，作校记，并为跋：“宣统改元元年夏六月，读一过，除折红梅一阕外，见《南唐二主词》，又《阳春集》

① 1908年十月二十一日（11月4日），光绪帝病卒；次日，西太后死。不久，溥仪继位，改号“宣统”，1909年即为宣统元年。

《珠玉词》各二阕，子晋（毛晋）未及校出。又《端正好》第一首，亦隐括同叔《凤栖梧》。寿域殆长于音律，故改谱他人词，即其自制，亦与他人音节不同，或以此也。”王国维又说：“汲古《宋名家词》前五集，余皆得之，尚缺六集十一家。此帙连平范纬君（罗振玉妻弟）赠余。前曾有魏佰子章，尤可宝也。……是岁孟夏阅陈景沂《全防备祖》，校得二首。其《玉楼春》三月牡丹一阕下，注杜郎中安世官爵，仅见于此，喜而识之。”魏佰子，是魏际端（1620—1677）的号。王国维所校读的这本《寿域词》，有《宁都魏佰子图书记》的印记，由此可断定，此书是魏佰子旧藏书。

《漱玉词》为宋著名女词人李清照的词集。王国维于1909年七月，从《梅苑》录得《孤雁儿》并序，补入《漱玉词》。四印斋刻《漱玉词》时，况周颐曾为之补遗八首，其中一首辑自《梅苑》，但不知什么原因，独遗此首未录。王国维在所补词后附记中说：“阅《梅苑》，由补得一首。不知夔生何以遗之？”同时王国维又发现在《孤雁儿》词后，原附《易安居士事辑》，采自仪顾堂题跋，其中有很多错误，王国维又在附记中予以更正：“仪顾堂跋《癸巳类稿·易安事辑》。谓张汝舟先官秘阁直学士，后官显谟阁直学士。按：汝舟但为直秘阁，直显谟阁非学士也。又云：是时崇礼官中书舍人，故曰内翰承旨。按：‘内翰’为翰林学士之专称，‘承旨’又学士之长，中书舍人不得用此称也。存斋先生号熟于宋世掌故，何灭裂至此！”“仪顾堂”“存斋”，均为清人陆心源号，其藏书楼之一为“皕宋楼”，故云“号熟于宋世掌故”。后来，王国维的次子王幼安曾对《漱玉词》的版本及传世情状进行过详细的考察，撰成《李清照集校注》一书。王幼安称：“光绪间，王鹏运重辑、况周颐补遗，收入《四印斋所刻词》，为近代李清照词集本之祖。”但他不知，王鹏运辑、况周颐补遗的四斋本《漱玉词》，就是其父根据《梅苑》增补《孤雁儿》的那个本子。

《放翁词》为宋词人陆游的词集。王国维于“宣统改元秋八月十二夜，读一过，并补词五阕于后”。

宋辛弃疾的《稼轩词》，王国维称自己“宣统改元秋九月，以元大德十二卷本校看一过”。

我们要了解王国维这一时期的读书情况，还可参见收入《王国维遗书》的《庚辛之间读书记》。“庚辛”，是指庚戌年与辛亥年，即1910年和1911年。《庚辛之间读书记》共有王国维15篇读书心得，涉及的书籍为15部，可分为四类：一、典章制度、政书，有《大唐六典》《增入宋儒议论杜氏〈通典〉》；二、笔记小说，有《岩下放言》《序墨客挥犀》《清异录》等；三、词集，有《片玉词》《桂翁词》《花间集》《尊前集》《草堂诗余》；四、戏曲，有《董西厢》《郑光祖〈王粲登楼〉杂剧》《元人〈隔江斗智〉杂剧》《盛明杂剧初集》。其内容或是考证版本、作者、风习，或是订正错讹，或是发表自己的看法，或是将同一部书的不同版本比较，或是介绍某书的观点。随心所欲，无有拘束，落笔纸上，往往都是一些真知灼见。王国维阅读这些书，其主要目的，还是为了研究词和戏曲。

胸怀戏曲之志，《曲录》钩沉拾遗

王国维到学部任职，一方面是由于罗振玉的引荐，另一方面也是由于得到当时学部尚书荣庆的赏识。开始的时候，他是在学部总务司任职，做的是一般行政事务性的工作，这并不适合他的天性。不久，学部奏设京师图书馆，王国维便被安排兼任图书馆编译、名词馆协修，并审定学校的教科书，这使他有机会接触大量的图书资料。这时候，他除了研究古词、撰写《词录》之外，更将大量的时间用于对中国戏曲的研究，阅读了大量的有关戏曲方面的图书。

至于他为什么会对戏曲产生这么大的兴趣，他自己曾有过很明确的说明，他自述说：

因填词之成功而有志于戏曲，此亦近日之奢愿也。

然词之于戏曲，一抒情，一叙事，其性质既异，其难易又殊，又何敢因前者之成功而遽冀后者乎？但余所以有志于戏曲者又自有故。吾中国文学之最不振者莫戏曲若，元之杂剧，明之传奇，存于今日者，尚以百数，其中之文字虽有佳者，然其理想及结构，虽欲不谓至幼稚至拙劣不可得也。国朝之作者虽略有进步，然比诸西洋之名剧，相去尚不能以道里计，此余所以自忘其不敏而独有志乎是也。

王国维在此将中国戏曲与“西洋之名剧”作比较，说明他对西方的戏剧也曾作过一番研读，而事实上也确实如此。1906年1月，王国维在《教育世界》杂志第二期（总第一百十八号）发表了《教育家之希尔列尔》。文中所介绍的“希尔列尔”正是德国著名文学家席勒，文中指出：“希尔列尔，世界的文豪也。以其伟大之性格，深远之热情，发之诗歌戏曲，而为文学界之明星皓月，此固尽人知之矣。自教育之地观之，则世界读其著作者，是受其深远广博之感化，谓彼与格代（歌德）相并，而为教育史上之伟人，非拟诸不伦也。”值得注意的是，此文在介绍席勒《美育书简》中的“美育论”的同时，对于席勒的戏曲作品也给予了极大的重视。文中说席勒“所著九种曲，今各国中学之教德语者，俱取为教科书”，并举出席勒的名著《瑞士义民传》(今译《威廉·退尔》),说它以“爱人岛、爱正义、爱自由、爱国家社会之精神”而为德国学生“熟读暗记”。

1907年二月上旬,王国维又在《教育世界》“传记栏”发表了《戏曲大家海别尔传》,全篇连载于杂志第三、五、六期(总第一百四十五、一百四十七、一百四十八号),在传中称海别尔:“其艺术观之真面非常深远。其空想力及诗之形成力非常伟大。不独为十八(应为十九)世纪中叶之首屈,抑亦全德文学史上之伟人也。”并略述其“悲剧观之大意”,在“表人生之处置者”;其剧作之特色,在“注目”于“人间内面,心之实在地位”,“故其戏曲,皆属于心理者”;更由其剧作,指出“现代文艺所重,不在作一定之理想形式,而在描出人间心理之个性”。其中还就其“青年时代之三戏曲”,即《由低脱》《格陆斐法》《玛丽亚与格达奈那》,译介了梗概。

海别尔(Hebbel,1813—1863),也译作赫倍尔,是继歌德、席勒之后的德国戏剧家,对近代戏剧有重要影响。郑振铎说他是“近代戏曲全部运动的先锋”,“近代从罗曼派悲观主义的残灰中燃起的个人主义的先驱者”。《由低脱》剧郑译为《犹狄士》(Judith),《格陆斐法》剧郑译为《基诺委瓦》(Genoveva),《玛丽亚与格达奈那》剧郑译为《赫洛特与玛利亚》(Herodes and Meriamne),都是海别尔的代表作。[①] 王国维自述：是时因词之成功，而“志于戏曲”（《三十自序（二）》），继去年《教育世界》刊出《教育家之希尔列尔》，介绍席勒之名剧《威廉·退尔》之后，又刊出海别尔传，以介绍其作品与戏剧理论，这恰与王国维此时之所“志”相合。传中论述戏剧与“人生”之关系，以及对“人间心理”之描写等，也反映在后来王国维《宋元戏曲考》对元代杂剧文章的论说中。

1907年七月上旬，王国维在《教育世界》“传记栏”又发表戏剧大师莎士比亚的传记《莎士比亚传》，刊于杂志第十七期（总第一百五十九号）。传中列出莎翁剧作表，尤推举其《哈姆雷特》等“四大悲剧”。传称，莎翁之剧，“虽仅三十余篇，然而世界中所有之离合悲欢，恐怖烦恼，以及种种性格等，殆无不包诸其中。故莎士比（亚）者，可谓第二之自然，第二之造物也”。王国维在《德国戏曲大家海别尔传》中，也曾论及莎翁，谓“琐氏曲（即莎剧）中之人物，无论为宫人，为兵，其所写出之人格，皆世间可得发见者”；莎氏之后，“虽分写实派及自由派而用至极端，然其滥觞，则在格代与希尔列尔”。所有这些，都可见王国维对莎翁之为“写实派”的推尊，同时也可作为《人间词话》关于“写实”与“理想”二派之分的参考。

---

① 郑振铎：《文学大纲》下册，上海书店1986年影印本，第1733、1734页。

正是在对“西洋之名剧”进行了深入的了解与研究的基础上，有感于中国戏曲的衰落，所以他下决心在这一新领域有所作为。

要做研究，首先是收集资料。当时他阅读的参考书籍主要有:《武林旧事》《辍耕录》《录鬼簿》《太和正音谱》《也是园书目》《新传奇品》《曲海目》《元曲选》《六十种曲》等。凡是他能收集到的他都尽力收集。在此基础上，他写出了研究中国戏曲的第一部著作《曲录》。

王国维在北京的数年间，除了阅读京师图书馆的藏书之外，也非常注意收集散落在民间的图书资料。他从厂肆中购买的善本书共有十余种，如宣德本《周宪王杂剧》、正德本《唐六典》、嘉靖本《雍熙乐府》、万历本《花草粹编》及《盛明杂剧》、《元曲选》等。除了《雍熙乐府》是他在光绪三十四年（1908 年）购得的之外，其余大部分是于宣统元年（1909 年）所买。现在流行的董刻本《盛明杂剧》初集，就直接来源于王国维从厂肆中购买来的本子。

王国维在对中国戏曲的研究过程中，也非常注意各种版本的校勘工作。1909 年 12 月，他将明抄本钟嗣成的《录鬼簿》校勘一遍之后，又以《太和正音谱》《元曲选》重新对照校勘了一遍，发现明抄本确实是一善本。次年 3 月，又将臧刻《元曲选》全书细读了一遍，并以《雍熙乐府》对校，认为二者不能偏废。可见，王国维在治学上总是那么严谨，他在学术研究上每下一结论，都是基于仔细认真地求证的基础之上的。

在中国文学史上，戏曲属于不登大雅之堂的通俗文学，在宋元明清几朝的市井民间曾流传有上万种戏曲作品，但由于得不到应有的重视，亡佚的情况非常严重。王国维在《曲录自序》中说：

> 余作《词录》竟，因思古人所作戏曲何虑万本，而传世者寥寥，正史《艺文志》与《四库全书提要》，于戏曲一门既未著录，海内藏书家亦罕有搜罗者，其传世总集除臧懋循之《元曲选》、毛晋之《六十种曲》外，若古名家杂剧等，今日皆不可睹。余亦仅寄之伶人之手，且颇遭改窜以就其唇吻。今昆曲且废，则此区区之寄于伶人之手者，恐亦不可问矣！明李中麓作《张小山小令序》，谓明诸王之国，必以杂剧千七百本资遣之，今元曲目之载于《元曲选》首卷及程明善《啸余谱》者，仅五百余本，则其散失，不自今日始矣！继此作曲目者，有焦循之《曲考》，黄文之《曲目》，无名氏之《传奇汇考》等。焦氏丛书中未刻曲考，曲目则仪征李斗载之《扬州画舫录》，《传奇汇考》仅有旧抄残本，惟黄氏之书稍为完具。其所见之曲，通杂剧、《传奇汇考》共一千零十三种，复益以

> 《曲考》所有，而黄氏之未见者六十八种，余乃参考诸书，并各种曲谱及藏书家目录，共得二千二百二十本，视黄氏之目增逾一倍。又就曲家姓名可考者考之，可补者补之，粗为排比，成书二卷。

《曲录》是王国维攻读戏曲著作的特殊的读书笔记，也是为他研究中国戏曲史而制定的详细的参考书目。表面看起来，这项工作只是收集罗列书目，甚至带有抄袭之嫌，并没有多大的学术价值，但王国维这项工作却做得非常认真用力。因为这是研究中国戏曲的基础工作，没有这一项基础的收集资料的工作，对中国戏曲的研究就会成为无源之水。据不完全统计，他为撰写《曲录》参考的文献达 90 种之多。这为他日后撰写《宋元戏曲史》准备了丰富的资料，打下了坚实的基础。

《曲录》共分六卷，对于他能够收集到的杂剧传奇曲目进行分门别类。第一卷，宋金杂剧院本部，多采自周密的《武林旧事》及陶宗仪《辍耕录》，共 977 种。第二卷，杂剧部上，列有主名（即有作者姓名）的元杂剧 496 种。第三卷，列有主名的明杂剧 156 种，元明无名氏杂剧 266 种，清杂剧有主名的 69 种，无名氏的 14 种，共 505 种。第二卷与第三卷合起来，共收集元明清杂剧 1001 种。第四卷，传奇部上，有主名的 167 种，无名的 120 种。第五卷，传奇部下，列清代传奇，有主名的437种，无名的372种，附禁书目6种，共815种。第六卷，杂剧传奇总集部。列有臧懋循编的《元曲选》（一百卷），明万历戊戌息机子编刻的《元人杂剧选》（三十卷），明朝陈与郊编刻的《古名家杂剧》八集及《续古名家杂剧》五集（共五十二卷），明朝沈泰撰的《盛明杂剧》二集（共六十卷），明朝毛晋编的《六十种曲》（一百二十卷）。通过如此详尽的收集，王国维对于中国戏曲史上的曲目有了一个大体的了解，紧接着他又撰写了《戏曲考源》及《录鬼簿校注》。这三部作品，对中国戏曲史的研究可以说均有开拓之功。大概也正是由于处于草创时期，这三部作品也存在着一定的局限。1923年，胡适在《读王国维的〈曲录〉》中曾指出过，《曲录》中有将非戏剧作品列为“曲目”的错误。[①] 王国维本人也承认书中“遗漏孔多”，“作者姓名、事实可考者尚多”，希望后人“补遗正误”。[②] 但尽管如此，《曲录》仍不失为一部中国戏曲研究中的力作。后来，郑振铎的《元明以来杂剧总目》、庄一拂的《古典戏曲存目汇考》，都是在王国维《曲目》基础上“补遗”而成的。

---

① 《胡适文存》二集卷四，1924年亚东版。

② 王国维：《王国维全集·书信》，中华书局1984年版，第353页。

溯戏曲之源，考戏曲流变

如果说，《曲录》是王国维对中国戏曲剧目的收集，那么《戏曲考源》则是对中国戏曲流变的考察，前者注重资料的整理，后者侧重历史的把握。

“戏曲者，谓以歌舞演故事也。”今天从事中国戏曲研究的人，都知道王国维对戏曲的这个定义，而这个定义的最早提出，就是在他写于 1909 年的《戏曲考源》之中。读书做学问，首先需要收集资料，这是第一步，但又决不能仅仅停留于此，还需要有见识，即从资料的收集中提炼出自己的观点，用观点来统率材料。如果缺少观点，缺少见识，读书再多，也不会对自己的学问有所补益，而只会使自己迷失在浩瀚的史料中而不能自拔。所以，王国维一向非常重视读书“入”与“出”的关系。“入”就是要求对自己所研究的对象有一个深入的了解，“出”则是要求能够从浩瀚的资料中摆脱出来，不为所囿，而有自己的见识。从这个意义上讲，王国维对戏曲的定义，正是他在阅读大量资料的基础上提出的，同时他又用来作为一种标准，重新审视中国戏曲的历史史料。在他看来，“古乐府中，如《焦仲卿妻》诗、《木兰辞》《长恨歌》等，虽咏故事，而不被之歌舞，非戏曲也。《柘枝》《菩萨蛮》之队，虽合歌舞，而不演故事，亦非戏曲也”。至于像汉代的角抵，虽然有歌舞，也搬演人物，但所演者都是仙怪之事，所以也不能算是演故事。这样，他将“以歌舞演故事”作为戏曲的标准，来考察历史史料，便有据可凭，有理可循。

王国维指出：“演故事者，始于唐之大面、拨头、踏摇娘等戏。”大面，又称代面，出于北齐。北齐兰陵王高长恭为美男子，每上战场，为了壮自己的声威，就戴上假面具来应敌，曾经击退北周的军队来到金墉城下，可谓是勇冠三军。齐人为了纪念庆贺，就编了一套舞蹈，仿效他的指麾击刺之容，并谓之《兰陵王入阵曲》。拨头，又称钵头，源于西域少数民族，有一人被一猛兽所噬，他的儿子给父亲报仇，就把这猛兽给杀了。当地人也将此事编成舞蹈，来纪念。演戏的人，披头散发，穿着白色的孝服，象征遭丧的情景。踏摇娘，故事适于隋末。隋末河内某人面容丑陋而且嗜酒如命，常自称“郎中”，酒后回家，必定殴打妻子。妻子面容娇美，能歌善舞，为怨苦之辞。河朔一带演其曲，被之弦管，写其夫之容，妻悲诉，常常摇顿其身，所以叫“踏摇娘”。上面所说的这三部戏，是王国维读《旧唐书·音乐志》发现的，同时他又在《乐府杂录》和《教坊记》中发现了大体相同的记载，但这些记载都过于简约，所演故事的内容也很不完备，所以王国维在后来写的《宋元戏曲考》中说，这些戏“与其谓之戏，不若谓之舞之为当也”。但他同时又说：“然后世戏剧之源，实自此始。”也就是说，这些戏，虽算不上严格的戏曲，只能说是舞，但它们毕竟是中国戏曲的起源。

到了唐末唐昭宗光化年间（898—901），出现了唐朝唯一一部可考的戏剧，即《樊哙排闼》剧。王国维先是在宋朝陈旸的《乐书》（世称《陈旸乐书》）第一百八十六卷中见到关于这部剧的记载的，其中说：“昭宗光化中，孙德昭之徒刃刘季述，始作《樊哙排闼》剧。”后来，在写完《戏曲考源》之后，他又在《唐会要》卷三十三和宋敏求《长安志》卷六中见到了大体相同的记载：“光化四年正月，宴于保宁殿，上制曲，名曰《赞成功》。时盐州雄毅军使孙德昭等，杀刘季述反正，帝乃制曲以褒之，仍作《樊哙排君难》戏以乐焉。”（《唐会要》）“昭宗宴李继昭等将于保宁殿，亲制《赞成功》曲以褒之，仍命伶官作《樊哙排君难》戏以乐之。”（《长安志》）

在王国维写《宋元戏曲考》的时候，就把这两条史料补充了进去。在唐朝近三百年的历史中，戏剧可考者仅此一部，这虽是遗憾，同时也可见这部剧的可贵。

王国维写《戏曲考源》的一个主要目的，是为了驳斥“戏曲出自异域”的观点，而主张中国戏曲的“变迁之迹，皆在有宋一代”，所以在这篇文章中，他以大量的篇幅考察了宋代的戏曲情况。王国维说:“杂剧之名，始于宋。宋制：每春秋圣节三大宴，小儿队、女弟子队，各进杂剧。”队舞及杂剧之制，在《宋史·乐志》和《东京梦华录》中，有详细的规定。王国维又指出:“杂剧亦有歌词。”但由于宋“真宗不喜郑声，而或为杂剧辞，未尚宣布于外”，所以“其词如何，今不可考”。幸而在苏东坡的《兴龙节集英殿宴乐语》及秦观、晁无咎、毛滂、郑仅等人的《调笑转踏》中可以见其大概。关于《乐语》与《转踏》的区别，王国维指出，前者“但勾放舞队，而不为之制词；而转踏不独定所搬演之人物，并作舞词”。

从王国维的这段叙述中，我们发现有一个问题，需要澄清。王国维在此说的杂剧，并不是后来的杂剧，从王国维所引述的一些材料来看，宋朝仅有杂剧之名，并无其实。关于这一点，王国维本人大概并没有清晰的认识。但他确实也隐隐约约地发觉到了这一点，他说:“然诸家调笑，虽合多曲而成，然一曲分咏一事，非就一人一事之首尾而咏之也。”

严格地按照他对戏曲的定义，这也不能算是真正意义上的戏曲。这样，王国维所讲的中国戏曲的“变迁之迹，皆在有宋一代”，岂不落空？好在他接着又说：“惟石曼卿作《拂霓裳转踏》述开元天宝（唐玄宗年号）遗事（见王灼《碧鸡漫志》卷三），是为合数阕咏一事之始。今其辞不传，传者惟赵德麟（令畤）之《商调·蝶恋花》述《会真记》事凡十阕（盖十二阕之误），并置原文于曲前。又以一阕起，一阕结之，视后世戏曲之格律，几于具体而微。德麟于子瞻守颍州时，为其属官，至绍兴初尚存。其词作于何时，虽不可考，要在元祐（宋哲宗年号，1086—1093）之后，靖康（宋钦宗年号，1126—1127）之前。”

王国维在此所说的赵德麟《商调·蝶恋花》，明末学者毛晋已视作“戏曲之祖”。它的故事与后来的《西厢记》大体相仿，而且宾白与曲词相间，很类似后来戏曲的结构。例如其中写道：

是夕红娘复至，持彩笺以授张，曰：“崔所命也。”题其篇曰，“明月三五夜”，其词曰：“待月西厢下，临风户半开，隔墙花影动，疑是玉人来。”奉劳歌伴，再和前声。

庭院黄昏春雨霁，一缕深心，百种成牵系。青翼蓦然来报喜，花笺微谕相容意。待月西厢人不寐，帘影摇光，朱户犹慵闭。花动拂墙红萼坠，分明疑是情人至。

张亦微喻其旨。是岁二月十四日矣。崔之东墙，有杏花一株，攀援可折。既望之夕，张因其所而至焉。达于西厢，则户果半开。良久，红娘来，连曰：“至矣，至矣！”张生且喜且骇，心谓得之矣。及乎至，则端神丽容，大数张，曰：“兄之恩，活我家者厚矣，由是慈母以弱子幼女见依，奈何因不令之婢，至淫秽之词，始以护人之乱为义，而终掠乱以求之。是以乱易乱，其去几何！诚欲寝其词，以保人之奸，不正；明之母，则背人之惠，不祥；是用托于短章，愿自陈启。犹惧兄之见难，故用鄙靡之词，以求必至，非礼之动，能不愧心？特愿以礼自持，无及于乱！”言毕，翻然而逝。张自失久之，复而出。由是绝望矣。奉劳歌伴，再和前声。

屈指幽期惟恐误，恰到春宵，明月当三五。红影压墙花密处，花阴便是桃源路。不谓兰诚金石固，敛袂怡声，恣把多才数。惆怅空回谁共语？只应化作朝云去。

赵德麟是宋朝人，跟苏东坡同时。在写完《戏曲考源》稍后，王国维还曾辑校过他的《聊复集》，并写了一篇跋："《聊复集》一卷，安定郡王赵令畤（德麟）撰，见《直斋书录解题》。竹坨（朱彝尊）选《词综》时已不可见。兹辑为一卷。《古今词话》云：安定郡王令畤有题《会真记·凤栖梧》，见《聊复集》。则卷末十二阕载于《侯鲭录》者，固在集中矣。宣统改元闰二月晦，国维记。"从这里可以看出，有关赵德麟《商调·蝶恋花》述《会真记》事十二阕，王国维最早是在《侯鲭录》中读到的，在《戏曲考源》中，所录的十二阕就是录自《侯鲭录》，他在校《聊复集》时又发现了这一资料，但《戏曲考源》中并没有提到《聊复集》，由此可推断《戏曲考源》大概写于王国维校集《聊复集》稍前。跋中所言"宣统改元闰二月晦"，即1909年公历4月19日。第二天，王国维又在《碧鸡漫志》中发现了相关的一段话，并作补跋说："王灼《碧鸡漫志》云：'赵德麟、李方叔皆东坡客，其气味殊不近：赵婉而李俊，各有所长。晚年皆荒醉汝颍京洛间，时时出滑稽语。'盖谓题《会真记·凤栖梧》之属也。"这不仅使人了解到赵德麟的身份性格，而且也从中可以知道赵德麟这部作品的风格特征。而其结构是：在曲前有文，"又以一阕起，一阕结之"，所以"视后世戏曲之格律，几于具体而微"，宋朝有此剧，完全可以永载于史册了。

王国维在《戏曲考源》中又指出："宋人所歌，除词调外，尚有所谓大曲。"接着王国维援引王灼《碧鸡漫志》中的一段话，对大曲作了解释。关于宋大曲，王国维还曾专门写过一篇文章来加以介绍，这便是《宋大曲考》。由于他发现，宋大曲与唐大曲有着渊源关系，所以他又在《宋大曲考》的基础上写成《唐宋大曲考》。那么究竟什么是大曲呢？通俗地讲，所谓大曲，就是由同一宫调的若干“遍”组成的大型乐舞，每“遍”各有专名。其结构大致可分三段。第一段为“序奏”，无歌、不舞，称“散序”；第二段为“中序”或“拍序”，以歌为主；第三段叫“破”，因歌舞并作，以舞为主，节拍急促，故有此称。[①]

大曲体制宏大，同宋元戏曲有直接的渊源，所以为王国维研究的重点。王国维在《唐宋大曲考》中指出，大曲之名始见于蔡邕的《女训》，得详细介绍的是《宋书·乐志》，共列16大曲。郭茂倩《乐府诗集》卷26，王灼《碧鸡漫志》卷3，沈括《梦溪笔谈》卷5均有解说，“大曲之名，自沈约至于两宋，皆以‘遍’数多者为大曲，虽渊源不同，其义固未尝有异也”。

唐时雅乐、俗乐，均有大曲。王国维以《唐六典》卷14“协律郎”条，《唐会要》卷32及《旧唐书·音乐志》为例，指出，“雅乐固有大小曲矣，清乐大曲当与《宋书·乐志》所载者略同，而燕乐大曲则当同于《魏志》之

① 雷绍锋：《王国维读书生涯》，长江文艺出版社1998年版。

大曲。今其目之见于崔令钦《教坊记》者凡四十有六，其词之存乎今者，有凉州歌散序、三遍、排遍、二遍；伊州歌排遍、五遍、入破五遍。”崔令钦书记载是不完备的。《旧唐书·音乐志》称立部伎内破阵乐52遍、庆元乐7遍、上元舞29遍。又贞元（唐德宗年号，785—804）中昭义节度使王虔休献继天诞圣乐凡25遍。以宋人之名名之，谓之非大曲不可也。又如《乐府诗集》所载“水调歌五遍，入破六遍，大和五遍，陆州歌三遍、排遍、四遍”，其遍数之多与伊州、梁州没有差别，也属于唐代的大曲。

《宋史·乐志》记述两宋的大曲十分详尽，云宋初置教坊，所奏有18调46曲，原文出自《文献通考》，《文献通考》正作“四十大曲”，陈旸《乐书》、吴自牧《梦粱录》卷20、杨朝英《乐府新编·阳春白雪卷首》均为四十大曲。四十大曲的具体内容，王国维从《宋史·乐志》中全部给予移录，认为虽是“寸玑片羽”，却弥足珍贵。进而又从《容斋随笔》卷14、《清真集》卷下、鲍廷博《张子野词补遗上》《词源》卷下、《董西厢》卷3、《拜月亭传奇》卷下、《峰真隐漫录》卷45、徐叔回《八义记》《夷坚乙志》卷13，《高丽史》卷71、《乐志》、《岁时广记》卷35等数十部史书中，录出可以考证的宋大曲，目的是希望读者了解宋大曲的基本情况。

王国维指出，赵宋大曲出自唐大曲，唐大曲以伊州、凉州诸曲为始，实皆自边地来也，如柘枝、突厥、三台、龟兹乐、醉浑脱即是明证，“余亦恐借胡乐节奏为之”。

大曲用于春秋圣节三大宴，杂剧同时也被进用，二者本为二事，但“合并必在大曲咏故事之后，而以大曲咏故事，见诸记载者，以王子高《六幺》为始，此曲始于元丰（宋神宗年号）以前（朱彧《萍洲可谈》卷1），曾布《水调歌头》与葛守诚四十大曲皆北宋之作也，然其盛行当在南渡后”。

通过这样的考证梳理工作，王国维便得出了这样的结论：“戏曲之不始于金元，而于有宋一代中变化者。”

在1909年的10月，王国维还曾写过一部有关戏曲研究的重要著作——《优语录》。所谓《优语录》，其实就是优人话语的记录。我们知道，在古代，优人的地位是非常低贱的，所谓“俳优侏儒，周伎之最下且贱者”。[①]王国维编写《优人录》的行为本身，就说明他是要突破旧传统、打破世俗之见的，而以尊重历史的态度投入学术研究之中。因为在戏曲的形成和发展中，优人也曾起到过重要的作用。他说：“盖优人俳语，大都出于演戏之际，故戏曲之源，与其变迁之际，可以考焉。非徒其辞之足以裨阙失，供谐笑而已。”

① 洪迈：《夷坚志·丁集》。

既然戏曲是以歌舞演故事的综合艺术，那就要把戏曲中有关歌舞和有关演故事方面的资料，分别加以整理、考证和研究。如果说《唐宋大曲考》侧重于歌舞，那么《优语录》便侧重于故事。因为这些“优人俳语，大都出于演剧之际”，对于戏剧之源、变迁之迹的考证很有价值。从“优语录”中，我们便可以看出，其中有人已能“敷陈事状”，被“世目为杂剧”。如优人推一参军扮演宰相，戏中僧乞、道士和士人分别向他求官，得到不同的待遇。“已而，主观宅库者附耳语曰：‘今日在左藏库，请相公料钱一千贯，尽是元祐钱，合取钧旨。’其人俯首久之，曰：从后门搬入去。副者举所梃杖其背，曰：‘你做到宰相，原来也只要钱！’”当然，《优语录》的大多材料，虽敷陈事状，但毕竟还是以谐谑为主的，因此，它虽属于演故事，但并不等于演故事。这正如他在《宋元戏曲考》中所说：“后世戏剧，当自巫优二者出；而此二者，固未可以后世戏剧视之也。”也就是说，后世的戏剧虽来源于优，但优人俳语毕竟还不是后世的戏剧。所以，王国维在考察了歌舞与故事这两个戏曲的重要因素之后，在1911年，他又写成《古剧脚色考》，将目光转向古剧脚色的考察。

中国古剧分生、旦、净、丑四种脚色，这是中国戏曲区别于西方戏剧的最主要的地方，因此研究中国戏剧的形成与发展，就不能不抓住这个别具特色的脚色问题，深入剖析。在《古剧脚色考》的开头，王国维便介绍了胡应麟、祝允明和焦循三人对脚色问题的看法，他认为："胡氏颠倒之说，似最可通。然此说可以释明脚色，而不足以释宋元之脚色。元明南戏，始有副末开场之例，元北剧已不然，而末泥之名，则南宋已有之矣。净之傅粉墨，明代则然，元代已不可考；而副净之名，则北宋已有之矣。此者不可通者也。焦氏释末，理或近之，然末之初，固称末泥。至净、丑二色，又则何说焉？三说之中，自以祝氏为稍允。但其说至简，无所证明。"面对这种情况，王国维"考其渊源变化，并附以私见"，得到如下结论："隋唐以前，虽有戏剧之萌芽，尚无所谓脚色也。……宋之脚色，也表所搬之人之地位、职业者为多。自是以后，其变化约为三级：一表其人在剧中之地位，二表其品性之善恶，三表其气质之刚柔也。"实际上，这种脚色的"三表"趋向，正表明了中国古典戏曲渐趋成熟、定型。因此，"自元迄今，脚色之命意，不外此三者，而渐有自地位而品性，自品性而气质之势，此其进步变化之大略也"。因此对中国戏曲的形成和发展问题的探讨，只有落实到脚色问题，才算完成。

脚色虽与西方戏剧相比较是个别具特色的问题，但他与西方文艺不无相通之处。王国维指出，中国脚色问题，类似西方文艺中的性格描写，"大抵净为热性、生为郁性，副净与丑或浮性而兼冷性，或浮性而兼热性。虽我国作戏者不知描写性格，然脚色之分则有深意存焉”。脚色的品性，通过这个脚色本身的言行观察而后感觉到，而脚色的气质，可以在容貌、声音、举止之间比较容易看到。据此，他又对脚色的面具、涂面和男女合演等几个问题，做了进一步的考察研究。总之，通过脚色的言行、表演和化装，就能把握住脚色的品性和气质，也就能真正体会到脚色的命意。

东渡流亡，新著迭出

应该说，从1906年到1911年在北京的五年间，王国维的生活是较为安定的，心情也较为平静。一方面，有了一份较为稳定的工作，经济收入有了一定的保障，不用为柴米油盐发愁；另一方面，北京的环境、文化氛围，也确实适合他的天性，尤其是北京图书馆丰富的藏书，为他的治学提供了许多的便利条件。而且当时这里也积聚了许多著名学者。王国维常与他们谈论学术，讨论问题，互相启发，学问大增。据当时曾与王国维有较多接触的孙雄先生讲："宣统元年，余与罗叔言同任京师大学堂分科监督，屡往象来街叔言寓斋谈艺，与静安接晤，时共唱和。静安默默寡言。与叔言、伯斧辩论时，静安微笑而已。”[①]“默默寡言”与“微笑而已”，正可以说明王国维的性格和此时的心境。当时与他交往商学和互借藏书的还有刘世珩、吴昌绶等人，其中尤与吴昌绶相交甚契。这大概是由于吴此时也潜心于词曲的搜集，兴趣、见解与王国维相同的缘故吧。

王国维在北京交游的人员当中，还有一些外国人。如法国的伯希和、日本的狩野直喜等人。伯希和，当时是法国巴黎大学教授，曾于1909年年初窜入我国西北，窃取了敦煌鸣沙山莫高窟千佛洞内的大批卷轴文物。王国维与罗振玉等人曾于1909年的中秋节访问过他，他当时就住在北京的苏州胡同，离王国维住的不太远。及罗、王诸人来访时，伯希和所窃取的文物大部分已装箱运至法国，所以只看到了还没有运走的部分，其中有唐人写本及石刻，可以说都是中国的国宝。后来，罗振玉曾将伯希和当时出示的鸣沙山石室卷轴，连同他返回法国后陆续寄来的敦煌写本胶卷，辑为《鸣沙石室佚书》，由王国维协助整理，成书出版。这次访晤可以说是王国维后来研究敦煌文物的起始。1909年，日本学者狩野直喜来华察访敦煌文物，也曾与王国维在北京会面，同行者还有日本地理学家小川琢治。狩野直喜，是日本研究汉学“京都中心”创始人之一，当时在京都帝国大学

---

① 孙雄：《挽王忠悫公诗》附注。

文科大学主讲中国文学史、小说史、戏曲史。他曾于1901年留学上海，自称当时即闻王国维的大名，对其才学有深刻印象。此次会面，正是王国维撰《曲录》《戏曲考源》问世不久，乃“听他谈元杂剧研究，感到很有意义”。又说：“同行的日本地理学家小川琢治，当时与中国学者大谈南北极探险，而我与王先生则讨论南北曲。两相对比，成为留住北京期间的一件趣闻。”①

1911年发生的辛亥革命，对于中国历史来说，是一件大好事，但对王国维而言，却中断了他在北京的生活。王国维早年的友人汪康年闻知这一消息后，竟中风死于天津。几天后，他的另一友人蒋斧也染时疫亡故。而罗振玉、王国维二人，则相约各备盐米，以示“效死”清室。当时日本京都大学的藤虎次郎、狩野直喜等人，也都致书罗振玉，力劝赴日“避居”。这样，王国维于1911年10月，跟罗振玉、刘季英一起带领家眷，踏上了东渡日本的温州丸商船，离开了他生活五年之久的北京，开始了他流亡国外的生活。

罗振玉为什么这样害怕革命，非要远离故土呢？萧艾在《王国维评传》中有专门的研究，指出，罗振玉晚年所写的《集蓼编》稍微暗示了其中的原委。据说，他在苏州师范，是被江苏省大学阀张謇赶走的。后来在学部，张謇又

① 狩野直喜：《忆王静安》，日本《艺文》杂志十八卷二号，1927年。

是全国教育会长，议论常与罗氏相左。而此时作为立宪派大头目的张謇，与袁世凯勾结得很紧。同时罗振玉认为自己开罪革命党人的事情也不少。更有一桩隐秘，就是他的亲家刘鹗，即他的长女婿刘季英的父亲，是遭袁世凯挟仇陷害，被罚往新疆致死的。他在《集蓼编》中指责袁世凯是元凶。所以辛亥革命一来，他盘算从此政权不归于革命党，必归于袁世凯，两者对他都不利，他便非要远走高飞不可了。而王国维也就随着他到了日本。

到日本后，王国维开始是与罗振玉共屋而居。人多地窄，颇为不便。后在附近另租一室，地址是距京都大学不远的吉田町田中村白番地。刚到时，罗振玉的书籍就寄存在京都大学，他每天同王国维到大学清理。一年后，罗振玉在净土寺町建立一栋乡村别墅式的新屋，并有藏书屋。书屋落成那天，他刚好从行箧中找出北魏初年的《大云无想经》写本，于是就命名为“大云书库”。库内古籍、碑帖、甲骨、钟鼎彝器、封泥……分类陈列，四壁无虚，看上去简直像是一所小型图书馆兼博物馆。

在生活方面，王国维自然也倚仗罗振玉，罗振玉的经济来源是出售历代名家字画，甚至古器物及珍本书。这些东西很值钱，所以生活上一时还过得去。但王国维以数口之家累人，内心却不是滋味。他曾经一度答应替《盛京时报》写稿，原想每月可得稿费数十元，补贴生活，减轻罗振玉的负担。可是《盛京时报》主办人并不履行按时付稿酬的诺言，故不久便罢。他在给友人的信中说："维在此间生计尚无把握，叩尽囊底，足支一年，此后不知如何？"可见其生活之拮据。

不过，生活虽然艰难，读书做学问却没有停止。王国维后来是这样追述他在日本的这段生活的，他觉得寓居京都四年多，"生活最为简单，而学问则变化兹甚。成书之多，为一生冠"。

王国维在此所说的"学问变化"，即自己治学读书方向的改变，也是与罗振玉的劝告分不开的。那么罗振玉是怎样劝告他的呢？罗振玉在王国维死后所写的《海宁王忠悫公传》中说："至是，予乃劝公专研国学而先于小学、训诂培植根基，并与论学术得失……方今世论益歧，三千年之教泽不绝如线，非矫枉不能返经。士生今日，万事无可为，欲扬此横流，舍返经信古未由也。公年方壮，予亦未至衰暮，守先待后，期与子共勉之。"王国维听了罗振玉这番话后，据说是将他早年所写的《静安文集》百余册"悉摧烧之"，从而表示自己与过去治学方向的彻底决裂。当然对王国维烧自己著作这件事，也有人认为是罗振玉捏造的，但不管怎么说，王国维到了日本以后，他所研究的重点的确发生了很大的变化。原先所搞的西方哲学等，现在已经放弃，开始将大部分精力投入到小学、训诂、甲骨文等方面的研究上。王国维自己这样说："东渡后，时从参事问古文字之学，因得尽阅所藏拓本。"罗振玉的大云书库丰富的藏书，为王国维此时的治学也确实带来了许多方便条件。罗振玉在《海宁王忠悫公传》中追述说："公居海东，既弃所学，乃寝馈于往岁予所赠诸家之书。予复尽出大云书库藏书五十万卷，古器物铭识拓本数千通，古彝器及他古器物千余品，恣公搜讨。"

这一时期，他所撰写的主要著作有《宋元戏曲考》《流沙坠简》及其《考释》(与罗振玉合著)、《宋代金文著录表》及《国朝金文著录表》，还有研究关于中国书册制度的《简牍检署考》、关于服装制度的《胡服考》，上古宫殿建筑的《明堂寝庙考》等专题著述；而其驰名海内外的关于古代历朔的《先霸死霸考》，以及关于匈奴族源的《鬼方昆夷獯狁考》，也是在这一时期写成的。

蔡尚思先生在论及王国维的学问与罗振玉的藏书的关系时说："王国维先生之考古何以能为精于考古之清代学者所不及？此实非彼之独比前人聪明，盖亦有由于生在固有文物已渐公开而地下资料益多发见之清末与民国时代。由此可见，如非生在此为古来所难比之大变局时代，罗氏即不能成为古来难比之大收藏家；如非罗氏为古来所难比之大收藏家，王氏即不能成为前所难比之大考古家。"蔡尚思的这段论说应该说是符合事实的。因为再伟大、再聪明的学者，如果缺乏图书资料，也无法做出惊人的成绩，所谓"巧妇难为无米之炊”，就是这个道理。而从清末到民国时代，中国的地下考古发掘取得了一系列的成果，殷墟甲骨文、敦煌等地发现的汉晋木简，莫高窟发现的六朝及唐人写本和内阁大库的书籍账册，也都集中在这一时期。用王国维自己的话来说，他千载难逢地碰上了一个“发现的时代”。

王国维在1925年给清华学校所做的演讲《最近二三十年中中国新发见之学问》中指出：“古来新学问起，大都由于新发现。有孔子壁中书出，而后有汉以来古文字之学；有赵宋古器出，而后有宋以后古器物、古文字之学。惟晋时汲冢竹简出土后，即继以永嘉之乱，故其结果不甚著。然同时杜元凯注《左传》、稍后郭璞注《山海经》，以用其说。而《纪年》所记禹、益、伊尹事，至今成为历史上之问题。然则中国纸上之学问。赖于地下之学问者，固不自今日始矣。自汉以来，中国学问上最大发见有三：一为孔子壁中书；二为汲冢书；三则今之殷墟甲骨文字、敦煌塞上及西域各处之汉晋木简、敦煌千佛洞之六朝及唐人写本书卷、内阁大库之元明以来书籍账册。此四者之一，已足当孔壁、汲冢所处。而各地零星发见之金石书籍，与学术有大关系者，尚不与焉。故今日之时代，可谓发见之时代，自来未有能比者也。”对于这些“新发现”，当时罗振玉多有收藏。这样，王国维就有机会接触到这些新发现的历史材料，从而使自己的治学达到了一个新的境界。

另外，罗振玉广泛的社会关系，也给王国维的学术交流提供了有利的条件。在日本，通过罗振玉，他又结识了大谷光瑞、内藤虎次郎、富冈千藏等，他们均是知名的学者教授；此外，法国的沙畹、英国的斯坦因，也与王国维多有学术往来。这对开阔自己的眼界，增强自己的学术兴趣，都是非常有益的。

1913年三月上旬，王国维又将自己的住所从田中村移至神乐冈。在这之前，王国维曾写信给缪荃孙，告诉他将要迁居的事，信中这样说："半月以后，移居吉田町神乐冈八番地，背吉田山，面如意岳，而与罗（振玉）、董（康）二公新居极近，地亦幽胜，惟去市略远耳。"[①]距离市区略远一点，租金也便宜。而且，这里风景非常优美，很适合于读书做学问。关于这一点，当时曾与王国维一起移居到神乐冈的罗庄在《初日楼遗稿·海东杂记》一文中说："西京属山城国，山嶂重叠之区也。新由田中村移居神乐冈。冈之前后皆山，开轩排闼，绿满青连，景色逾于旧居。"罗振玉的侄女罗守巽回忆说："迁至神乐冈，三家仍居比邻。刘（大绅）与予家（罗振常）仅壁隔，王家则离两三家……观堂只知看书，于诸子教育及家务悉委诸夫人，一概不问。某次，潘夫人与（他）商讨家事，观堂手不释卷，耳若无闻，致夫

① 王国维：《王国维全集·书信》，中华书局1984年版，第35、36页。

人恼怒，欲将其书付火。斯时先伯突至。旧俗虽至友，内眷亦须回避，潘夫人退入内室，其围方解。”当然，潘夫人是不会真将王国维视为命根子的书付之于火的，但从这里也可看出王国维此时读书之专一。正像陈鸿祥在《王国维年谱》中所说的：“王氏于移居后，益专心治学。自谓‘发温经之兴’，圈读‘三礼’，并作疏证。”[①] 自二月初九日（3月16日）到三月十四日（4月24日），王国维仔细阅读了一遍《周礼注疏》，并在《跋》中说：“此时注意于疏，而经注反觉茫然”，又评阮校“尚称详密，而误处尚属不少”。大体在同一段时间，王国维还圈读了段玉裁的《说文解字注》。

① 陈鸿祥：《王国维年谱》，齐鲁书社 1991 年版，第 151 页。

总结著述，开拓新境界

王国维来到日本的前两年，尽管治学方向有了很大的改变，但他仍没有忘情于戏曲研究。1912年六月初，当他看到由黄丕烈原藏、后归罗振玉所得的《元刊杂剧三十种》之后，非常高兴，自称是“到东以来第一眼福也”。七月下旬，他又将自己过去所写的《古剧脚色考》重新加以改订，并将它寄给铃木虎雄，不久，这部著作便由铃木译为日文，发表在《艺文》杂志上。

我们前边说过，王国维的《优语录》《唐宋大曲考》《古剧脚色考》等著作，分别从“演故事”“歌舞”“脚色”等方面，探讨了中国的戏曲演变。但无论是从“演故事”和“歌舞”的戏曲构成两大部分，还是从戏曲本身的脚色问题，对整个中国戏曲史的探讨和研究来说，都只是局部问题。局部的研究，只能作为整体研究的准备和基础。1912年年底，王国维又写成《宋元戏曲考》，这可以说是在各个局部研究的基础上所作的整体研究。从这一点，我们也可以看出王国维读书治学的另一个重要方法，那就是，他对一个问题，总是先仔细地收集资料，然后分门别类地予以分析，最后进行综合性的总结，从而达到对这一问题的极深的认识。这种先分析、后综合的方法，可以增强在研究工作中的思辨能力和科学性，也符合一般的认识规律。[①] 正如他自己所描述的："往者读元人杂剧而善之；……辄四究其渊源，明其变化之迹，以为非求诸唐宋辽金之文学，弗能得也；乃成《曲录》六卷，《戏曲考源》一卷，《优语录》二卷，《古剧脚色考》一卷，《曲调源流表》一卷。从事既久，续有所得，颇觉昔人之说，与自己之书，罅漏日多，而手所疏记，与心所领会者，与日有增益。壬子岁暮，旅居多暇，乃以三月之力，写为此书。凡诸材料，皆余所搜集；其所说明，亦大抵余之所创获也。"正是在艰苦收集材料的基础上，又采用了先进的方法，所以才使得《宋元戏曲史（考）》成为不朽的传世之作。

郭沫若在《历史人物》中，写到他第一次接触王国维的名字，就是在1921年夏天读到《宋元戏曲考》的时候。

---

① 卢善庆：《王国维与中国戏曲史研究》，《王国维学术研究论集》第一辑。

他认为这是有价值的一部好书，并说：“王国维的《宋元戏曲史》和鲁迅的《中国小说史略》，毫无疑问，是中国文艺史研究上的双璧，不仅是拓荒的工作，前无古人，而且是权威的成就，一直领导着百万的后学。”

鲁迅在写给曹靖华的信中，推荐有关中国文学史的读物，其中就有《宋元戏曲史》。不过他说：“这些，都不过看材料，见解却不是正确的。”

诚然，《宋元戏曲史》材料是极为丰富的。大概每一读者读到这本书时，都不会否认这一点。同时，书中也有不少很可贵的见解。比如，作者把戏曲看作代表一个时代的文学，他说，“若元之文学，则固未有尚于曲者也”；又说：“元剧自文章上言之，优足以当一代之文学。又以其自然故，故能写当时政治及社会之情状，足以供史家论世之资者不少。”优秀的戏曲作品具有“供史家论世之资”的认识作用，是同它能使我们感受到“自然”和“美”分不开的。王国维认识到这一点，也就越出了在以前为他所接受的康德的“美在形式”和“美不涉及功利目的”的观点，而承认了美的社会内容和功利作用。不仅如此，他还指出，这种政治及社会之情状，能反映在元剧中，又与剧作者的思想和社会地位有很大的关系：“盖元剧之作者，其人均非有名位学问也；其作剧也，非有藏之名山，传之其人之意也。被以意兴之所至为之，以自娱娱人。关木之拙劣，所不问也；思想之卑陋，所不讳也；人物之矛盾，所不顾也；彼但摹写其胸中之感想，与时代之情状，而真挚之理，与秀杰之气，时流露其间。姑谓元曲为中国最自然之文学，无不可也。”在距今八十多年前，能够对戏曲做出这样高的评价，的确了不起。

我们再结合王国维的《〈红楼梦〉评论》来看，他说《红楼梦》作为一部悲剧，可以与歌德的《浮士德》媲美。在《宋元戏曲史》中，他也曾提到元曲多悲剧，“如《汉宫秋》《梧桐雨》《西蜀梦》《火烧介之推》《张千杀妻》等，初无所谓先离后享、始困终享之事也。其最有悲剧之性质者，则如关汉卿之《窦娥冤》、纪君祥之《赵氏孤儿》，剧中虽有恶人交构其间，而起赴汤蹈火者，仍出于其主人翁之意志，即列之于世界大悲剧中，亦无愧色也”。我们知道，王国维是把意境看作文学之本质的，文学作品的有无价值，全视作品的意境有无深浅而定。他在《宋元戏曲史》中说：“元剧最佳之处，不在其思想结构，而在其文章。其文章之妙，亦一言以蔽之，曰：有意境而已矣。何以谓之有意境？曰：写情则沁人心脾，写境则在人耳目，述事则如其口出是也。古诗词之佳处，无不如是。”古诗词的佳处同元剧、元曲的佳处一样，都在于重自然，贵“意境”，这无形中就提高了戏曲的地位，但是戏曲又与诗词有着区别。王国维也注意到了这一点。他说：“古代文学之形容事物也，率用古语，其用俗语者绝无。有所用之字数亦不甚多。独元曲以许用衬字故，故辄以许多俗语或自然之声音形容之。此自古文字上所未有也。”接着，他还把元剧与《楚辞》《内典》做比较，认为戏曲之美在于“自由使用新语言”。

他认为：“元剧实于新文体中自由使用新言语，在我国文学中，于《楚辞》《内典》外，得此而三。然其源远在宋金二代，不过至元而大成。其写景抒情述事之美，所负于此者，实不少也。”

中国向来有句成语“绘声绘色”。色可以绘，声怎么绘呢？可以的。不过这却不是元剧形式上的声音，而是它所描写的生活里的声音，即所谓元剧语言的内在因素、美的因素了。我们就拿王国维举出的运用俗语叠字的例子，来分析一下，就可以看到这一点。如：“［雁儿落］绿依依墙高柳半遮，静悄悄门掩清秋夜，疏剌剌林梢落叶风，昏惨惨云际穿窗月。”

这里一、四两句属于绘色，二、三句属于绘声，具有音乐美和色彩美。这段描绘，是在张生与崔莺莺长亭别后，入草桥店，因思念入梦，又被惊醒时看到的意境。作者曾用十六个字概括了一下：“一天露气，满地霜华，晓星初上，残月犹明。”论文字还可以。但是，我们细细体会一下，“雁儿落”在“柳遮”“叶落”“月穿”上，加上那些俗语叠字，唤起了人们听觉、视觉方面的美感经验。张生因思念崔莺莺而引起的那种无限空虚与惆怅，就在这有声有色的词曲里委婉曲折地表现出来。比起十六字的概括，大有天壤之别。

对戏曲的研究和评论，元明清三代，虽有许多杰出的学者专家各自做出了不同的贡献，但是无论钟嗣成、徐渭、王冀德、李渔还是焦循，都没有进行科学的、系统的研究，因此我们要说《宋元戏曲史》是中国戏剧史上的一块里程碑，是丝毫不过分的。

当然随着时代的发展，新的历史资料的发掘，王国维的《宋元戏曲史》仍有许多需要完善的地方。例如他说："唐代仅有歌舞剧及滑稽剧，至宋金两代而始有纯粹演故事之剧；故虽谓真正之戏剧，起予宋代，无不可也。"然而他又说："然宋金演剧之结构，虽略如上，而其本则无一存。故当日已有代言体之戏曲否，已不可知。而论真正之戏曲，不能不从元杂剧始也。"王国维所说的"真正之戏剧，起于宋代"，只是一种推论，缺少实证，因此他又不得不说出前后相矛盾的"从元杂剧始"这样的话。那么，中国真正之戏曲，究竟是起于宋代还是起于元代呢？对于这样的问题，现代的戏曲研究者已做出了明确的回答。在张庚、郭汉城主编的《中国戏曲通史》第三章"南戏的作家与作品"第一节中指出南戏最早的剧目有《赵贞女》《王魁》《王焕》《乐昌分镜》《韫玉》和有本子流传下来的《张协状元》等六种，说这些"可以确定是宋人的作品"。

根据宋人张炎的《山中白云词》、元人刘一清的《钱塘遗事》、周德清的《中原音韵》、明人徐文长的《南词叙录》、祝允明《猥谈》、叶子奇《草木子》等书的有关记载，和我们现在能够看到的《永乐大典戏文三种》所录戏文，我们可以肯定地说，早期的宋元南戏至少有7种尚见诸记载，其中《赵贞女》《韫玉》两种戏文均不见著录，《王魁》《王焕》《乐昌分镜》三本有部分佚曲，可于钱南扬《宋元戏文辑佚》中见到，而《张协状元》和《错立身》则全本流传下来了。

上举书录同时还记述了这些剧目产生和盛行的历史背景和时间，比如《中原音韵》说到“南宋都杭”;《钱塘遗事》说“戊辰、己巳间（1268—1269，即南宋度宗咸淳四至五年），《王焕戏文》盛行于都下”;《猥谈》更进一步说，“南戏出于宣和（1119—1125，北宋徽宗年号）之后，南渡（1127年）之际，谓之‘温州杂剧’”;《南词叙录》则记述最详:“南戏始于宋光宗朝（1190—1194），永嘉人所作《赵贞女》《王魁》二种实首之。……或云:‘宣和间已滥觞，其盛行则自南渡。’号曰‘永嘉杂剧’。”另外，剧中一些曲白也表明了这些剧目的创作时间是在南宋。如《错立身》中以河南府为西京，称东平为府等，只有宋人才如此，出自宋人之手当无疑。根据这些情况，可以归纳出关于宋元南戏起源的一种说法：南戏产生在北宋宣和年间，盛行于南渡之后，光宗绍熙年间开始出现初步繁荣的局面；因为产生并流行于浙东以温州为中心的沿海一带，所以，南戏的最初阶段叫作“温州杂剧”或“永嘉杂剧”。而元杂剧的产生最早也当在金代末期，即1234年金亡于元之前，如胡忌《宋金杂剧考》说：“北曲杂剧的体制，可视为十三世纪初期所形成。”这是一种较早的说法。但与宋元南戏的“宣和滥觞”说相比较，南戏确然要比元杂剧早整整一个世纪。因此，王国维“真正之戏剧，起于宋代”的假设，就变成了事实。而我国戏曲历史也应该由“从元剧始”，向前提一个世纪。[①]

王国维的《宋元戏曲考》，可以说是他研究中国戏曲的总结之作。他对这部著作也显得非常自信，他在序中曾说：“世之为此学者，自余始。其所贡献于此学者，亦以此书为多。”从中国戏曲的研究历史上看，王国维的这番话决非妄言。

王国维的学术研究涉及很多领域，而对每一领域，他都能有所创见，应该说能做到这一点是很不容易的。他之所以能在不同的研究领域纵横驰骋，频频转换自己的研究方向，除了掌握材料丰富和研究方法对头等原因外，也是与他有一个正确的写作方法分不开的。今天我们当然已无法知道他当时的写作情况。但好在在王国维写《宋元戏曲考》的时候，有一位叫徐森玉的人曾拜访过他，并给我们留下了有

① 林风：《“真正之戏剧，起于宋代”》，《王国维学术研究论集》第二辑。

关的记载。徐森玉说王国维写书方法是博、专、细，“博者指其所掌握之材料必丰富，专者指其精力集中，细指其一稿二稿，纤细罔遗，然后能事必矣”。[①] 有一天他访问王国维的时候，正值他在写《宋元戏曲考》，发现屋里架上、案上到处都摆放着有关写此书的资料，还有刚从日本搜得的一些秘本，罗列满前。与人谈话，也是三句不离本行。这可以看出王国维写作此书的专心。过了一段时间之后，徐森玉又去拜访他，这时，王国维的《宋元戏曲考》已将完成，正在准备从事其他书的写作，所以架上、案上所摆放的书也与以前大不一样，都换了相应的书籍，这时的谈话的主题也跟从前大不一样了。

李恩绩回忆王国维返回上海后的著述生活时说：“（王国维）家里旁的东西都不多，书也不很多。不过不是整整齐齐堆在书架上，却是到处摊着。桌子的每一只角里，茶几上，椅子上，床上，甚至于地上，都摊着翻开的书。要等他把正在起草的一篇著作告竣了，才把摊着的书整理一下。到第二篇著作将要动笔之前，书又随处摊满了。”[②] 事实也确实如此，当王国维写完《宋元戏曲考》之后，他便离开了这一领域，重新开拓新的研究领域去了。

---

① 许姬传：《许姬传七十年见闻录》，中华书局 1976 年版。

② 李恩绩：《爱俪园梦影录》，三联书店 1984 年版。

为汉简研究立开拓之功

鲁迅在1922年所写的《不懂的音译》(《热风》)中说:“中国有一部《流沙坠简》，印了将有十年了。要谈国学，那才可以算一种研究国学的书。开首有一篇长序，是王国维先生作的，要谈国学，他才可以算一个研究国学的人物。”可见，鲁迅对王国维的《流沙坠简》是非常推崇的。不过,《流沙坠简》并不是王国维一个人写的，而是与罗振玉合著的。

《流沙坠简》写于1914年，而在此之前，即1912年，王国维还写过一篇《简牍检署考》。这篇文章主要是介绍中国古代书册制度的演化过程，由铃木虎雄翻译成日文，并在日本《艺文》杂志上发表。

研究国学，首先需要读懂古书，这是不言而喻的，而在纸未发明之前，中国古书是多种多样的，有的是写在甲骨上，这就是甲骨文，有的是写在金器上，称为金文，还有的是写在木板和竹板上。写在木板上的叫牍，写在竹板上的叫简。当然，研究中国古代书册制度，并不是从王国维开始的，在此之前，有人曾做过这方面的工作，例如像汪继培、徐养原的《周代书册制度考》，金鹗的《汉唐以来书籍制度考》，叶德辉的《书林清话》，还有日本人岛田翰的《书册装潢考》、法国沙畹的《纸未发明前之中国书》。但是这些书，都未能尽明其源流，且或有疏漏。所以余嘉锡指出："夫必书册之制明，而后档案之制明"；"近世王静安先生作《简牍检署考》，而后简册之制大明。"[①]

王国维在《简牍检署考》中首先指出，书契始于刻画，有金石、甲骨、竹木三种，但不知孰为先后。三者之中，竹木的使用最为广泛，即使这样，也无法知道始于何时。从载籍中可以得知，用竹者称为"册"。"殷人龟卜文字及金文中已见册字，则简策之制古矣。"此外，帛书也在此时流行。

检与署，是有区别的。根据《释名》卷六所言："检，禁也；禁闭诸物，使不得开露页。又书文。书检曰署。署，予也，题所予者官号也。"古代的文牍为了信誉，往往需要"施检"，也就是"施于囊外之证也"。用囊盛书，之后再于囊外加检，这种情况在西汉初年已经出现。囊用布帛，检

① 余嘉锡：《书册制度考》，《余嘉锡论学杂著》下册，中华书局1963年版。

则用木，有时也用帛，“用木谓之检，用帛谓之贴”。其间有木片绑上，上署收简人姓名，这就是施检。如果检与牍大小相同，就称为押检。“汉时书牍其于牍上施检者，则检牍如一，所谓押检是也。然大抵以囊盛书而后施检。”但也可用绳缄之法，即用绳将简绑起来，在绳子结扣处用泥封上，再加印，这是检牍之法。王国维说：“古牍封处多在中央，汉旧仪所谓中署是也。”所谓题署，就是在检上或封泥上“题所予之人与所予之物”。

对于封泥，王国维也曾做过专门的研究，写有《齐鲁封泥集存》及前后两序。封泥研究，主要可以从官私印章上考见古代的官职。王国维在《齐鲁封泥集存·序》中说：“谓封泥与古玺印相表里，而官印之种类，则较古玺印为尤夥，其足以考证古代官职、地理者，为用至大。”有些封泥上的官名为史书上所不见的，就可以以此来补正史书之不足。因为官印与地域分不开，所以封泥又可以考证地理。此外，也有利于古字研究，甚至还是美术史的第一手资料。

罗振玉收藏的封泥很多。1913年，罗振玉在印行敦煌古佚书和殷墟甲骨文时，又请王国维就其所收藏的封泥，选择吴式芬、陈介祺的《封泥考略》所不见的，进行整理，共“得四百余种，付诸精印，以行于世”。《齐鲁封泥集存》就是这样写成的。

与《简牍检署考》一样，《流沙坠简》也是考察古代书简的一部书，但在内容上更加充实。全书案简牍的内容之不同，分为三类：一是小学、术数、方技书，第二类是屯戍丛残，第三类是简牍遗文。第一、三类是罗振玉考释的，第二类是本书的主要部分，才是王国维写的，这一部分，又分为簿书、烽燧、戍役、廪给、器物、杂事等项。

我国历史上曾经多次发现竹简书。最著名的有两次：第一次是在公元前 130 多年，《汉书·艺文志》记载：“武帝末，鲁共王坏孔子宅，欲以广其宫，而得《古文尚书》及《礼记》《论语》《孝经》凡数十篇，皆古字也。”这是秦始皇三十四年（公元前 213 年）下令焚书时，孔子的后人孔慧藏进墙壁中的古籍，后世称为“壁中书”。第二次发现是在 281 年，即晋太康二年。河南有一汲县人盗掘魏安嫠王墓时，得到了竹简书多达数十车，后经整理，辑成十五种，称为“汲冢书”。但遗憾的是，“汲冢书”后来亡佚殆尽，现在仅能看到的《穆天子传》，也多为后人窜改。

到了近代，匈牙利人斯坦因受英国政府的雇用，曾先后四次进行中亚考察，活动范围达新疆、甘肃、克什米尔、阿富汗、伊朗、巴基斯坦等地。1908 年，他在敦煌北的汉代长城遗址发现了汉简七百多枚，这就是著名的“敦煌汉简”。他将大量的汉简掠夺去之后，因自己不懂汉文，就将它们交给了他的法国朋友沙畹代为考释。1913 年冬天，沙畹又将他的书稿寄到京都，交给罗振玉看。罗振玉和王国维看后，认为有重新整理考证的必要，于是两人分工合作，写成了《流沙坠简》一书。在书写完之后，王国维又写了一篇《补遗》，考证斯坦因于尼雅河下游获得的晋初人书，还补写了一篇《附录》，考证日本大谷探险队于前凉西域所获得的材料。

罗振玉在《流沙坠简序》中曾毫不讳言地指出这本书的几个优点，他说，通过这本书，可以“知遗文所记”，所以“裨益甚宏”，“如玉门之方位，烽燧之次第，西域二道之分歧，魏晋长史之治所，部魏曲侯，数有前后之殊，海头楼兰，地有东西之异，并可补职方之记载，订史事之缺遗。”

我们先来看《流沙坠简》是怎样确定“玉门之方位”的。本来，汉代玉门关的位置有多种说法。有的人认为玉门关在敦煌以东，也有的人认为玉门关在敦煌以西。王国维在《流沙坠简》中指出，玉门关其实就在今敦煌县西北七十公里的小方盘城（东经93度54分，北纬40度22分）。那么王国维的根据是什么呢？他是看到1906年在小方盘城出土的汉简上写有“玉门督尉”的字样才下这样的结论的。王国维还在《流沙坠简·序》中指出：“古人有无以玉门县为玉门关者，后晋高居海《使于阗记》云，至肃州后渡金河，西百里出天门关，又西百里出玉门关，实即自汉迄今至玉门县也。”也就是说，后晋的高居海在《使于阗记》中，误把玉门县当成了玉门关。为什么会出现这样的错误呢？原来，玉门关曾在历史上发生过迁移，“太初二年前之玉门关，尚在敦煌之东，其徙敦煌西北，则为后日之事也。……嗣后关城虽徙，而县名尚仍其故，虽中更废置，迄于今日，尚名玉门。”太初，是汉武帝的年号，太初二年，即公元前103年，在此之前，玉门关尚在敦煌以东，而后来则迁移于敦煌西北，玉门关虽然迁走，玉门县名还保留着，所以容易造成混淆。但如果明白了玉门关迁徙的历史事实，玉门关的方位便也就不难确定了。历来认为玉门关可分南北二道。王国维考订此传闻肯定有误，这是因为“楼兰以东实未分南北二道也”。王国维指出：“汉时南北二道之分歧不在玉门、阳关，而当自故楼兰古城始。”“自此以南，则从鄯善傍南山北波河，西行至莎车；北则车师前王庭，或西趣都护治所，皆随北山波河，西行至疏勒。故二道皆出玉门。若阳关道路只止于婼羌，往鄯善者绝不取此。故《西域传》云，婼羌僻在东南，不当孔道。《汉书》记北道自车师前王庭始，记南道自鄯善始，当得其实。然则楼兰以东实未分南北二道也。”这就澄清了历史地理学上的一大重要问题。

至于烽燧的问题，《汉书·赵充国传》中记载：“北边自敦煌至辽东万一千五百里，乘塞列燧，有吏率数千人。”长城是汉代边疆的屏障，敦煌又是当时西北的重要枢纽，设置边塞烽燧，目的是为了防范北边的匈奴。但在如何施放烽燧烟火上，有严格的规定，大体说来，有两种情况：一种是以烽之多少示敌之远近，一种是以烽之多少示敌之多寡。此外，还有一种烟火是报平安用的。在敦煌汉简中，发现有一件释文云："六日丁巳丁亥第二百一十苣火一通，从东方来。"王国维解释说："所谓丁亥第二百一十者，盖谓自丁亥岁首至六月丁巳所见之烽数一百七八十日间，而烽火之数至二百一十，恐汉时每夜亦有报平安之烽。"由于此简是在玉门大煎都侯官所治凌胡燧发现的，因此王国维断定，所谓"苣火一通，从东方来"是指"从玉门方面"来也。

木简中还有关于汉代边境官职的资料，由于这方面的资料史书上留下的很少，所以显得非常珍贵。利用木简的详细记载，与史书的有关较少的记载加以对照，可以补史书之不足。例如《汉官仪》记："边郡置都尉、千人、司马、侯。"但至于这些官职的官阶、俸禄、上下所属等情况却并未加以说明，木简中则有具体记述。王国维指出，边塞的最高官位是都尉，都尉以下有侯官属，具体主管塞上兵事，"侯官则有侯、有侯丞，其下又有造史"，"千人，主兵之官"。侯官，就是最下层的军官了。还有，侯史"积四月奉钱二千四百"，也就是月薪六百钱。所有这些，都是第一手的史料，因此是非常可信的。

王国维对汉晋简牍的研究，其意义当然还不只是弄清了一些历史事实，就在鲁迅的那篇赞扬王国维的国学研究的《不懂的音译》一文中，还指出了这样一个令中国学者汗颜的事实:“当假的国学家正在打牌喝酒，真的国学家正在稳坐高斋读古书的时候，沙士比亚（莎士比亚）的同乡斯坦因博士却已经在甘肃新疆这些地方的沙碛里，将汉晋简牍掘去了；不但掘去，而且作出书来了。”汉晋简牍在中国，但对它的研究却被外国人抢先，这是一个多么严峻的事实！

之所以会有这种局面，鲁迅先生一语道破，即中国那些所谓真正的国学家，只注重坐在书斋里读古书，而不注重实地的考察，不注重地下发掘的材料。从这个意义上说，王国维能够改中国传统的只注重书本的读书方式，将史书与地下发掘的资料互相参照，进行研究，这种研究方式本身就具有很大的意义，也可以说是为中国的学术争了光。后来我国一些学者沿着这条路继续开拓，终于在简牍研究方面取得了辉煌的成绩。像劳干的《敦煌汉建校文》《居延汉简考证》《汉简中的河西经济生活》《从汉简所见之边郡制度》等文，都为海内外读者所重视。此外，陈直、张凤、黄文弼、傅振伦等人，也都对汉简研究做出过贡献。中华人民共和国成立后的简牍出土，更是盛况空前，最著名的像长沙仰天湖战国楚简、马王堆汉墓竹简、临沂银雀山汉简、武威医简、睡虎地秦简、居延汉简等。这些简牍的出土，为我国简牍研究，提供了更多的实物资料，相信我国的汉简研究，定能取得更辉煌的成绩。不过话又说回来，要论这门学问的开拓之功，则不能不归于王国维。对于这一点，王国维本人也有充分的自信。他在1914年7月17日写给缪荃孙的信中说：“岁首与蕴公（指罗振玉）同考释《流沙坠简》，并自行写定，殆尽三四月之力为之。此事关系汉代史事极大，并现存之汉碑数十通亦不足以比之。东人不知，乃惜其中少古书，岂知纪史籍所不纪之事，更比古书为可贵乎。考释虽草草具稿，自谓于地理上裨益最多，其余关乎制度名物者亦颇有创获。”①

① 王国维：《王国维全集·书信》，中华书局1984年版，第40页。

甲骨文与金文的研读考释

《流沙坠简》是1914年初出版的，就在这一年的冬天，罗振玉的《殷墟书契考释》也问世了。这是甲骨文研究史上的一件大事，也是罗振玉与王国维继《流沙坠简》之后的又一次成功的合作。

甲骨文是殷商时期使用的文字，但后来却失传，消失在尘封的历史之中。直到1898年，一个非常偶然的机会，才使它重见天日。当时有一位国子监祭酒名叫王懿荣的人，因病去北京宣武门外菜市口达仁堂购药，药中有一味“龙骨”，是从安阳小屯村农民发掘的甲骨得来的。当然，当时知道这个地方有甲骨的人是很少的，而知道的人对此也保密，以便能够卖个好价钱。王懿荣素以爱好金石文物著称，他发现上面刻有一些纹路，知道这可能就是古代的一种文字，于是便从药店中买下所有的龙骨，次年又大批地收购这种东西。1900年，八国联军侵入北京，王懿荣自杀身亡。此后，王家家道中落，就将家中所藏的千余片甲骨全部卖给了刘鹗，刘鹗又多方收购，共得五千余片。罗振玉当时是刘鹗家的家庭教师，教刘鹗的第四子刘大绅读书，此后又将自己的长女嫁给了刘大绅。1902年，罗振玉在刘家见到甲骨墨本，认为是汉代以来的小学家们还没有见过的文字，就极力怂恿刘鹗拓印出版。就这样，在罗振玉的帮助下，第一部著录甲骨的专著《铁云藏龟》出版了，共收拓片1058片。后来，刘鹗充军死于新疆，也就不可能对甲骨文有更进一步的研究了。

真正使甲骨文成为一门新的学问的，还要算是罗振玉与王国维。我们知道，在罗振玉东渡之前，他也曾大量收购过甲骨，从1906年到1911年，他一共收集了二三万片。1910年，罗振玉写成《殷商贞卜文字考》，以“正史家之遗失，考小学之源流，求古代之卜法”为目的，分类阐述，一共认识了二三百个单字，其中包括一些带关键性的字，如贞、王、亡，等等。这些字对通读每篇卜辞，至关重要。特别是考释文字的方法，已摸索到某些原则。例如开始注意与古文、籀文相比较，与钟鼎彝器铭文相参照、对证，为后来研究甲骨文打下了一定的基础。但毕竟因为甲骨文字本身是一件新事物，所以《殷商贞卜文字考》仍有许多缺陷。到了日本之后，罗振玉继续研究甲骨，这一次是与王国维一起合作研究，并于 1914 年写成《殷墟书契考释》，从而取得了更大的成绩。《殷墟书契考释》考出 485 字，待问编收 1003 字。王国维在《最近二三十年中中国新发见之学问》中称，当时认识甲骨文字数，“自以罗氏为第一。其考定小屯之为古殷墟及审释殷帝王名号，皆由罗氏发之”。《殷墟书契考释》还把卜辞做了分类，如卜祭祀、卜征伐、卜风雨、卜出入，等等，使读者一望即知卜辞的基本内容。罗振玉在序中还讲到了他研究甲骨的方法是“由许书以溯金文，由金文以窥书契”，意思就是说先通过许慎的《说文解字》，再通过金文，来研读甲骨。这种方法对后人的启示也是很大的。《殷墟书契考释》出版之后，在学术界引起了极大的轰动，有人认为“自罗氏此书，甲骨文始可读”。

王国维在《殷墟书契考释序》中，对于发现甲骨文的意义也给予了充分的肯定，他认为，研究古文字有三个历史性事件：壁中书出现，简牍考释和发现甲骨文。在《殷墟书契考释后序》中，他对于罗振玉在甲骨文研究方面的功绩，更是给予了极高的评价。他说这部著作是“三百年来小学之一结束也”，“窃谓我朝古文之学，开之者顾先生，而成之者先生也”。也就是说，在清代古文字学的研究中，顾炎武是开创者，而罗振玉则是集大成者，这种评价当然是很高的。但如果从甲骨文的发现这一角度来看，做出这样的评价也是公允的，因为顾炎武那个时候，还不知甲骨为何物呢。当然罗振玉对甲骨文的研究，这里面也有王国维的一份功劳。

在 1917 年王国维写给柯劭忞的信中，曾谈到他跟罗振玉在日本一起研究甲骨的情况，他说："辛壬之交（即 1911 年与 1912 年之交）初抵日本，与叔言参事整理其所藏书籍……叔言前撰《殷墟书契考释》，于殷先王之名已十得八九，前年维复于甲骨中考得王亥一人（即《史记·殷本纪》之振、《世本·帝系篇》之核、《作篇》之赅）。乃与《大荒经》称正同。"

王国维是从什么时候开始研究甲骨文的呢？今天我们已无法确知具体是哪一天，但大体的时间可以确定为东渡日本之后。在《铁云藏龟》出版的时候，王国维正在通州师范任教，不可能知道甲骨的详情。当罗振玉大量收购甲骨的时候，他虽已了解到甲骨的一些情况，但也没有进行认真的研究。东渡以后，他协助罗振玉整理甲骨实物及拓片，并一起撰述《殷墟书契考释》，这应该算是他研究甲骨的开始。但这时毕竟还不是他独立研究甲骨。王国维对甲骨文字进行独立研究，取得突出的、惊人的成果，都是以后的事。

但我们也注意到，在 1913 年，他曾写过《明堂寝庙通考》一文，这篇文章主要是考证古代建筑及古代礼仪的，虽不是专门研究甲骨文的，但他已经能够用甲骨文的知识，显然已了解了甲骨文的重大意义。1913年，王国维在写给缪荃孙的信中说:“现草《明堂寝庙通考》一书，拟分三卷:己说为第一卷（已成）。次驳古人说一卷，次图一卷。此书全根据金文、龟卜文，而以经证之无乎不合。”《明堂寝庙通考》从殷商卜文中两次见到“太室”，“明堂之制既为古代宫室之通制，故宗庙之宫室亦如之，古宗庙之有太室，即足证其制与明堂无异。”这说明他已经开始用金文、甲骨文与古籍互相对照来研究问题了。而1915年他在甲骨中所发现的殷代先公王亥，更是他在甲骨文研究方面取得的又一项重要成果，而且还可以以此来证明《史记》等史籍的有关记载。《殷墟卜辞所见地名考》《三代地理小说》《鬼方昆夷玁狁考》，也是他运用古文字的材料考订古史、古地理的尝试。当然，王国维对甲骨文的研究，更多的成果是在1916年从日本回国之后，特别是在1917年取得的。届时我们还会详细地谈。

当时，除了甲骨文之外，王国维对金文也颇为用心。1914年6月和9月间，他分别撰成《宋代金文著录表》和《国朝金文著录表》，将宋及清人所著录的钟鼎彝器铭文进行整理、总结；接着，他又撰写了《两周金石文韵读》《两汉金石文韵读》。王国维在1914年7月17日给缪荃孙的信中说:“近二三月内作《金文著录表》，宋代一卷已成。国朝四卷正在具草……此次所作表，谓之金文之全目录，亦略近之。比年以来拟专治三代之学，因先治古文字，遂览宋人及国朝诸家之说。”为什么研究金文要从宋代开始呢？王国维指出：“宋人于近视书函之学，乃陵跨百代。近世金石文学复兴，然于著录考订，皆本宋人成法，而于宋人多方面之兴味，反有所不逮，故虽谓金石之学，为有宋一代之学无不可以。”金铜器文发现虽早，但它形成一门学问，则是在宋代，后来对金石文的研究几经沉浮，到了清代，大有复苏之势，但其研究方法基本上是承接宋代。所以王国维将目光首先投入宋代金石著录，便就是很自然的了。王国维研究戏曲，首先从收集戏曲曲目开始，同样，研究金石文，也是从撰写金文著录表开始。从他《国朝金文著录表》登记的内容来看，涉及的范围是非常丰富的，“凡三代器三千四百七十有一，列国先秦器九十有八，汉器六百十有六，三国至宋金器百有十，共计四千二百九十有五。除宋拓及疑伪器外得三千九百八十有三器”。这种收集材料的工作，本身就是一种研究，同时它又是为更深入的研究做准备。

后来，他在此基础上，又写了大量的序跋，对金文加以详细的考释，如《毛公鼎考释序》《毛公鼎跋》《商三句兵跋》《散氏盘跋》等。如果说“著录表”可以看出王国维对金古文检校范围之广，那么具体考释文章，则可以看出他研究问题之深了。

毛公鼎铭文记叙了周宣王诰诫和褒赏其臣下的事。这是古器物上保留文字最多的一个鼎。对于鼎上文字难以识别的原因，王国维在《毛公鼎考释序》中指出：“古代文字假借至多，自周至汉音亦屡变。假借之字，不能一一求其本字，故古器物文义有不可强通者，亦势也。”对于这些上面有不能识别的字的古器，王国维认为要避免两种错误的态度和做法：一种是“欲求无一字之不识，无一义之不通，而穿凿附会者”，一种是“谓其字之不可识，义之不可通，而遂置之者”。那么如何对待这样的文字呢？王国维说：“文无古今，未有不文从字顺者。今日通行文字，人人能读之，能解之。诗书彝器亦古之通行文字，今日所以难读者，由今日之知古代不如知现代之深故也。苟考之史实与制度文物，以知其时代之情状，本之诗书以求文之义例，考之古音以通其义之假借，参之彝器以验其文字之变化，由此而之彼，即甲以推乙，则于字之不可释，义之不可通者，必间有获焉。然后阙其不可知者以俟后之君子，则庶乎其近之矣。”[①] 在这里，王国维不仅指出为什么古彝器上文字难读的原因，而且还进一步道出考释古文字的方法，并讲明对于那些确不可知的古文字的正确态度，这种见解无疑是非常正确的。“五四”时期，提倡白话文，当时人们所持的论据也就是王国维在此所说的古代文字“亦古之通行文字”的观点，并以此来反击守旧派

① 王国维：《毛公鼎考释序》，《观堂集林》卷六。

的，可见王国维的观点对后来影响之深。而王国维也正是按照这样的态度与方法，对于那些难以确认的古彝器文字进行考释的。1916年8月27日，他在致罗振玉的信中说："今日自写《毛公鼎考释》毕，共一十五张，虽新识之字无多，而研究方法则颇开一生面，尚不失为一小种著述也。"[①] 从这里，我们再次看出，王国维的学术研究，不仅重视新发现的材料，而且也特别重视研究方法。任何研究成果，要想获得突破，要么有新材料，要么有新方法，而假如能将二者完美地结合，则可说是一种极高的学术境界。可以毫不夸张地说，王国维正是这样一位达到了极高学术境界的国学大师，这也正是他之所以能够超越前人并对后人带来诸多启示的原因所在。

戴家祥在《王静安先生与甲骨文字学的发展》一文中，曾就王国维的治学特点发表过极精辟的说明。他说，孙诒让、罗振玉、王国维三家都具备了关于字形、字音、字义这三方面的渊博知识，"但各有自己不同的侧重点，孙氏的侧重点，比较多地从先秦语法词例和典章制度中取得成绩，罗氏的侧重点，比较多地从字形的演变中取得成绩，静安先生虽然贯彻到各方面，但是丰硕的果实，还是'同声同假'"。[②] 湘潭大学的萧艾先生也曾指出："王国维继承乾

① 王国维：《王国维全集·书信》，中华书局1984年版，第109页。

② 吴泽主编：《王国维学术研究论集》，华东师范大学出版社1983年版，第3页。

嘉学派的治学方法，最得力、最有效、因之成绩最大的是‘就古音以求古义’。”我们知道，一个字分形、音、义三部分，这三者紧密相连，不可分割。如何才能搞清字形、字音、字义呢？乾嘉学派主张从音开始，治音韵是治语言文字的根本。这就是乾嘉学派治学的次序，也是与宋、元、明人不同的地方。王国维正是遵循这条途径去做学问的。也正是从这个意义上讲，王国维继承了乾嘉学派的治学方法。不过，王国维的治学范围很广，他不限于治经，他还用这种方法治史、治甲骨文字及其他学问。[①] 当然他也并不囿于乾嘉学派的治学方法，对于其他方法，他也曾大胆运用，从而取得了超越乾嘉学派的学术成就。

① 萧艾：《王国维评传》，浙江文艺出版社 1983 年版，第 151 页。

屡动归念，不忘学研

王国维在为《殷墟书契考释》所题的一首诗中写道："不关意气尚青春，风雨相看各怆神。南沈北柯俱老病，先生华发鬓边新。"的确，时光如流水。不知不觉中，王国维客居日本已达四年有余。1915年，他马上即进入不惑之年，而罗振玉也是华发染鬓，二人客居异国，一心埋头学问，青春年华就这样悄悄地流失了。但他们无时无刻不在挂念着祖国故土。这一年3月，王国维携眷归国扫墓，4月13日，罗振玉也从日本归来扫墓。两人在上海见面。

在上海，王国维还结识了自己仰慕已久的学术前辈沈曾植。沈曾植，字子培，号乙盦，晚号寐叟。浙江吴兴人。清光绪六年进士，钦用主事，观政刑部，迁员外郎，兼充总理各国事务衙门俄国股章京。曾经参与康有为"公车上书”。1907年，恩铭被刺，为护理安徽巡抚。辛亥以后，在上海充“寓公”。1917年，参与张勋“复辟”，“诏受学部尚书”。他精通辽金元史及西北地理之学，对于音韵学也颇有造诣。王国维对他非常尊重，他诗中所说的“南沈北柯”，“南沈”，即指沈曾植。这次在上海，王国维主要是向他请教音韵之学。而沈对王也是非常钦佩。

罗振玉在《五十日梦痕录》中说：“予与王静安徵君交亦十有八年。君博学强识，并世所稀。品行峻洁，如芳兰贞石，令人久敬不衰。前返里过沪，初与方伯（即沈曾植）相见，方伯为予言：‘君与静安海外共朝夕，赏析之乐可忘浊乱。’指案上静安所撰《简牍检署考》曰：‘即此戋戋小册，亦岂今世学者所能为？’因评骘静安所著，谓：‘如《释币》及考地理诸作，并可信今传后，毫无遗憾。’推挹甚至。老辈虚衷乐善，可钦也。”

王国维自己在《尔雅草木虫鱼鸟兽释例·自序》中也曾说道：“甲寅岁莫，国维侨居日本，为上虞罗叔言参事作《殷墟书契考释·后序》，略述三百年来小学盛衰，嘉兴沈子培方伯见之，以为可与言古音韵之学也。……乙卯春归国展墓，谒方伯于上海，以此愿质之。方伯莞然曰：‘君为学乃善自命题，何不多命数题，为我辈遣日之资乎？’因相与大笑。”

总之，这次见面是愉快的。王国维后来与沈曾植交往甚密，并及于沈周围的一批“以老”“寓公”，这对王国维的思想影响也是较大的。

5月27日（农历四月十四）清晨，王国维再次踏上了东渡日本的航船，带着长子潜明，与罗振玉一起回到日本。这次，他没有带自己的夫人及其他眷属，而将他们留在了海宁老家。也许此时，他心中已定回国之念了。5月30日凌晨，他们到达神户港，下午至京都，并住在罗振玉的家中。当时，留在京都的只有罗振玉的全家及王国维父子了。罗振常、刘季英两家，已于去年秋冬间先后回国。往日热闹的神乐冈此时已安静了许多。

罗守巽在《我所知的王观堂及其一家》中追忆说：“隔岁（1914年）先慈愈动乡思，乃作归计。且因先父闲居，生活由伯父供给，绝非长策。伯父亦无计挽留，于是整行装，由君楚兄送至神户，搭春日丸归。……刘、王二家见予家去，亦莫不动归念。不久，刘家亦归。”罗仲安也回忆说：“吾家居日不及两年，因母亲思念外祖，至三缄其口，遂乘春日丸回国。临行，观堂夫人为吾家饯行。不一载，观堂全家亦因夫人不乐居异国而返回。”

虽然王国维屡为思乡所苦，但他并没有忘情于学术。从上海回到京都后，他又马上进入到自己所钟情的书籍之中。他自己说：“是岁复赴日本，长夏无事，稍就陆氏《释文》以反切之第一字部分诸字，及五六卷而中辍。”陆氏

《释文》，即唐陆德明的《经典释文》，由于此时他对音韵之学较为关注，所以校读此书时，关注的也是里面有关反切的内容。

我们说，王国维的读书方式是极为独特的，他的兴趣又极为广泛，对于各种学问，他往往交叉进行。仅从他1915年的著述来看，内容就涉及殷周礼制、匈奴族源、钟鼎铭文、西周历法、胡服古韵，等等。而且对于每一种学问，他都有新的突破，达到了极高的学术境界。例如匈奴族源的问题，在历史上一直是个悬案。汉司马迁在《史记》中虽写有《匈奴列传》，却没有说明匈奴的族源何在。《诗经》中虽屡及"玁狁"（《小雅·采薇》《出车》等），但自来释诗者都没有知道"玁狁"与"匈奴"的关系的。王国维在这一年写成的《鬼方昆夷玁狁考》一文，根据钟鼎铭文，详细考证了鬼方、昆夷、玁狁及其"戎""狄""胡"及"匈奴"的渊源关系，并揭示出殷武丁（高宗）与鬼方进行的长达三年之久的战争与俘获之数；又从"史事"及"地理"方面，考证出古代鬼方、昆夷及玁狁的地理分布，从而将古代数千年前的部族争战及其迁徙与消长，描绘得声色毕现，清晰可辨。所以此文即以考证匈奴之由来而名重学界，王国维也因此而被誉为近代中国第一位探明匈奴族源的学者。

王国维写于1915年冬的《生霸死霸考》，也是一篇非常有影响的学术论文。在这篇文章中，他根据金文、甲骨文等地下提供的资料，对于自《史记》以来古书中析解历朔所存在的一些错误，进行辩正，并提出了“一月四分”的重要论说。王国维的“一月四分”说提出以后，尽管有人也提出不同的观点，例如董作宾在《中国年历总谱》中另立“定点月相”说，但根据马承源在《西周金文和周历的研究》中以科学方法推算，认为“一月四分”说，“基本上是正确的”，因而不能支持“定点月相”说。可见，王国维的这一论点是经得起科学检验的。

当然，王国维做学问并不是将自己关在书斋里，他一方面重视书本上的知识，一方面也重视地下发掘的材料，同时也注意同同时代的学者进行切磋交流。我们前面所说的与沈曾植的交往即属此例。在日本，由于与中国有着大体相同的文化背景，所以许多日本学者对于中国文化有着浓厚的兴趣，而且对中国文化颇有研究者也大有人在。王国维与他们也是经常交往，互相切磋学问。1915 年年初，王国维曾写过一篇题为《洛诰笺》的文章，这篇文章是他第一篇解经之作，后以《洛诰解》为题收入《观堂集林》中。这篇文章在《国学丛刊》发表后，有一位日本学者林泰辅，写了一篇《读〈国学丛刊〉》，就殷周礼制的问题提出不同的意见，刊于《东亚研究》。王国维看到后，马上积极应答，写成《与林浩卿博士论洛诰书》一文。1916 年 1 月，林泰辅又将其刊于《东亚研究》的答辩文章寄给王国维，王国维乃撰文再答之，提出研究学问，“当以事实决实事，而不当以后世之理论决实事”。这样反复切磋答辩，对于学术无疑是有益的。

1916年1月23日，农历是1915年十二月十九日，为宋代大文豪苏轼的诞辰日。这一天，由日本书法家长尾甲、学者福冈谦藏发起，邀请当时京都许多学界名流，在京都圆山春云楼举行宴会，以兹纪念中国的这位大书法家、大文学家。当时，王国维与罗振玉、罗君楚（罗振玉三子）也都应邀参加了这次宴集。与会者各以自己所收藏的苏东坡墨迹、书籍展出，其中罗振玉展出的最多，而且其中《苏文忠公行书真迹诗卷》有孙星衍《跋》，被断定是真品。应邀参加集会的日本学者有福冈百炼、山本由定、内藤虎次郎、狩野直喜、上村观光等，这些人与王国维往日都有学术交往。在集会中，除了展出纪念品之外，参加者还纷纷赋诗以纪念这次盛会。为了答谢主人的邀请，王国维手录“古人成句”以赠发起者，诗中云：堂堂复堂堂，子瞻出峨眉。少读《范滂传》，晚和渊明诗。当时参加集会的西村时彦所作的两首诗中，自注“第二首赠罗叔言”，诗中云：

三朝起落最堂堂，百代翘心一瓣香。
忧患何人踪迹似，名臣海外有文章。

正好王国维的“古人成句”中有“堂堂复堂堂”之句，恰与西村的“三朝起落最堂堂”相对应。集会毕后，将诸人所写的诗收集起来，编成一本诗集，并以《乙卯寿苏录》为题出版。西村年最长，所以大家请他还为这本诗集写了一篇序。这也是王国维在日本最后一次参加日本学者组织的活动。

1916 年，王国维越发感到在日本生计的艰辛。他客居日本四年多来，生活上主要是依靠罗振玉的资助。1915 年这一年，日本的物价飞涨，加上罗振玉历年印书所费甚多，王国维再也不愿拖累于罗。恰在此时，同乡邹安来信说，已在国内为其谋得一职，邀请他返回上海，为英人哈同氏编《学术丛编》。于是 2 月 4 日，王国维偕长子潜明，自日本京都启程回国。

学术主笔，窘困哈园

王国维回到上海后，谋职的地方是哈同花园属下的仓圣明智大学。哈同花园园主哈同，是当时上海滩很有名的犹太富商，1854 年生于巴格达，1874 年由印度来上海，最初为英籍侨商看门，后以贩卖鸦片起家，逐步成为上海滩的“地皮大王”，后为公共租界工部局董事。他的妻子姓罗诗，原名俪穗，号迦陵，生于 1864 年，父亲是法国人，母亲为中国闽县人。1886 年与哈同结婚后，修建了一座爱俪园（即哈同花园），并请姬觉弥为“总管”。姬觉弥，生于 1886 年，是江苏人，本姓潘，是个和尚，后取周文王姓姬而改姓姬，因得宠于“哈夫人”而成为“哈同花园”的总管。哈同夫妇暴富后，非常喜欢附庸风雅，干了许多沽名钓誉的事情，诸如用木料筑马路、刊印佛经、创办学校、与大官僚拜把子、为跟班捐官，等等，而总管姬觉弥也非常热衷此道，创办仓圣明智大学就是他们这一系列活动中的一项。这所学校名义上是大学，其实仅有小学及初中，只是教人识字。校园内还供奉着仓颉、史籀、程邈、许慎、蔡邕等人的画像。自称办学宗旨为，劝人人崇拜仓圣，以“救济国民道德”，学生要学乡射、投壶等古礼。担任这所大学校长的就是姬觉弥，而出版学术杂志也是他的主意。

王国维一到上海，就听到周围人对姬觉弥的许多议论，但开始时他觉得姬觉弥对自己并不像外传的那样糟。迫于生计，他还是决定赴任，出于谨慎起见，他又提出自己的条件，一是不问校事，不受“大学教务长”之聘，二是不迁于园内居住，也不往园内办事，三是只编《学术丛编》，且行“包办”之法，自己所撰述及所编刊物栏目，他人不得干预。没想到，他的这些条件，姬觉弥竟然都答应了。王国维自以为对此事已获得全权，于是决定自任《学术丛编》编辑主任，将这个刊物分为经学、小学、史学三门，并付印古籍，一面请人撰稿，一面写信给在日本的罗振玉，请他将“孤本、稿本初选适于俗眼者”寄来供刊用。而在这一过程中，他的同乡邹安（字景叔）也确实出了不少的好主意，帮了他很大的忙。当时仓圣明智大学所办的刊物一共有三个：一是《学术丛编》；一是《艺术丛编》，由邹安任编辑主任；还有一个是《仓圣大学杂志》，这个杂志与“二丛编相出入，但加浅近，凡姬君所发挥之‘仓教’教理，皆归于其中”，“此皆景叔之巧计也”。[1]这样就可以保证《学术丛编》的学术性。而这一时期，他本人的学术文章也大多都发表在这个刊物上。自己收藏的金文则全部交给邹安在《艺术丛编》上发表，不足者请罗振玉补充，“如此则《国学丛刊》虽停而不停”，王国维本人是较为满意的。看来，他又可以像在京都一样，继续埋头于学术研究了。

不过还有生活上的一些琐事要让他操心。首先是住处问题。王国维回到上海，他不愿意住进哈同花园，就借住在当时在商务印书馆当编辑的老同学樊少泉（炳清）的家中，但此举终非长计，所以他要四处打听租房。不久在朋友的帮助下，在英租界大通路吴兴里租到一所住房，房子好，价钱也很便宜。王国维便马上搬进新居。此时妻子儿女尚在海宁老家，他还要将他们接过来同住。租房子、整新居、接眷属，既费力，又劳神，再加上连日来还要拜访老友、接洽工作，王国维感到有些体力不支了。他在农历一月十五日的《日记》中写道：“是晚觉左目不适，就镜视之则色稍红，盖连日疲于奔驰，或有灰尘入目故也。”不过他没有时间休息，或者对他来说，他有自己独特的休息方式，读书就是莫大的休息。

---

① 王国维：《王国维全集·书信》，中华书局1984年版，第55、56页。

有一次，他跟缪荃孙闲谈时，得知沈曾植处有一本江有诰的《音学书》，是咸丰壬子重刊本，共九种。王国维听到这个消息后，马上借来仔细阅读。并将其中的《谐声表》《入声表》《唐韵四声正》收入他所编的《学术丛编》中。事有凑巧，不久他又在书肆上发现这部书，共两部，都是原刊本。王国维买下后，自己留下一部，另一部便寄给罗振玉。在此之前，他曾听说王雪澄欲购此书而数年不得，自己却不费吹灰之力买到两部，真是天赐良机，实属奇缘，王国维心中的喜悦之情也就可想而知了。

在1916年3月30日的信中，王国维告诉罗振玉："近数日中家务业已就绪，思作《学术丛编》中文字，迄不得好题目，遂以杂阅各书消磨时日。"这段时间，他读的书的确是够杂的。从回到上海的这一年他所写的文章来看，有《史籀篇疏正》《流沙坠简考释补证》《周书顾命考》《周开国年表》《殷礼徵文》《释史》《乐诗考略》《魏石经考》《毛公鼎考释》《汉魏博士考》，等等，内容涉及面极广。这也是王国维读书做学问的一贯做法。

作为学术大师，书就是王国维的命根子，他一时一刻也离不开书。在学术名家中，有的人是将人生当为学问，有的人则是以学问为人生，王国维显然是属于后者。对于人生处世，一直是他不擅长的，所以常常吃亏上当。王国维替人编《学术丛编》，他是尽心尽力的。可是不久，他发现自己编成的稿子，并不能马上付印。有时发了稿子，主持人竟说缺钱。1916 年冬，哈同夫人买到刘鹗所藏甲骨千片，通过姬觉弥请王国维代其整理出版。王国维从中选拓了六百五十五片，编结成《戬寿堂所藏殷墟文字》一书。先列入《艺术丛编》内，后单独发行。此书与稍后的《重辑仓颉篇》，都题作是姬佛陀编。书是王国维撰的，署名却要署别人的名字，这确实不公平。但寄人篱下，王国维心中尽管不满，却也毫无办法。王国维只能把牢骚说给自己的老友罗振玉听："岂有富豪而不能付此款之理？姬之办事，迥出情理之外，无论何人不能测其命意。今日方君言，此人惟混蛋及骗钱者可与相处，即被骗亦不知，稍具人格者，与之经手未有不受其累。诚哉是言也。"最让他感到无可奈何的是，他还不得不去参加那些由仓圣明智大学主办的无聊的活动，使他不能安心读书做学问。据他在《日记》中所载，一月廿二日，七时起作《学术丛编条例》，未竟，又得去参加仓圣明智大学开学仪式，"我辈与外人亦与于礼"，也就是要向仓颉像行三跪九叩之礼。王国维告诉罗振玉说："所谓仓教者，又全为荒谬不经，随口胡诌说，虽景叔亦畏而笑之。""此月廿八，云是仓颉生辰，其日该校行礼，尚不足怪，而姬之生日，亦即此日，奇妙之至。"三十岁的姬觉弥生日，由账房从工资中扣款送礼。王国维接到通知，还得去应酬，"哈园姬三十生日，演戏二日，园中人因必须忙数日，其内容可想见。以上所陈该事，公可想见一斑。天下事大者大抵如斯，则时事可知矣。”他发现其内部办事紊乱，“姬君用钱勇于口说，而账房出纳颇吝，即如各人薪水二月份至三月初二始发下，又用钱账房亦往往干预。”[①] 这样，《学术丛编》能不能办下去就不好说了。更为滑稽可笑的是开广仓学会，报上登广告“擅将维名列发起人中”，“十五日开会，并陈列古物开展览会，是日维一往观，而某复以招待员徽章佩诸维胸，维即藏之不用。十六、十七、十八连续开会，即拟绝迹不往”。《学术丛编》印出之后，也不能按期发行，因为“姬君以书下无‘仓圣明智大学’字样”。于是，就于每页加印此六字，故发行之期不得不一拖再拖。

罗振玉得知这些情况后，致书给他出点子：“如公所言，弟以为甚不难处，不意公之所见正与弟相反也。若弟处此者，似并不滞碍也。试将弟所以处姬者为公略言之。一、姬为人恃权骄物，我则临之以正义，彼求我非我求彼，临之以正义者即不与委蛇是也。二、姬君说话多变化，弟即明告以议定不得反复。三、姬语到学堂办事，弟告以撰述须书卷，在家任事方便，但交稿必不迟误。四、姬请办报又请为教务长，弟若发见其教务不妥，即先告其不合之处，而办其教务长至办之事。”当时，罗振玉虽然也说，如不行，可重

---

① 王国维：《王国维全集·书信》，中华书局1984年版，第64页。

来海东，其实还是希望王国维成就其事。罗振玉的理由是："公恶姬可免与见面，而得其薪金，一也（弟意全报以三分之一为古书可得二百元一月）。薪金足敷公家用，且最可积蓄，明年如不接续，亦可有一岁积蓄，二也。公可专心学术，日进无疆，三也。弟等考古品得有发表之处，不必别谋刊刻，四也。"①

经过王国维一年的努力，《学术丛编》出了十二期。这十二期杂志，可以说凝聚着他的心血，学术质量当然是无可挑剔的。邹安看了他所编的这一年杂志的目录，心中大喜，并马上托人转交给姬觉弥。因为当时哈园一再放风要裁人，有了这样的成绩，王国维便不会在被裁之列。王国维自谓："盖因今年结束报稿成绩可观，悟他人为之必不能如此。"哈园因"议留"续编杂志。对于自己的去留问题，王国维的心中也是有矛盾的。当时社会上得知哈园裁人的消息后，许多朋友纷纷邀请王国维离开哈园，到自己那里谋事，沈曾植也邀请他协助编撰《浙江通志》，但王国维觉得哈园"固不可与共事，然于研究学问则可由自己所好者为之"，所以最后决定还是继续留在哈园。

王国维在哈园，最初并不在仓圣明智大学上课，只是专事论著。第二年，姬觉弥找王国维谈，请他任大学经学教

① 刘烜：《王国维评传》，百花洲文艺出版社 1996 年版，第 174 页。

授。这时，王国维已明知姬觉弥经济上有亏损，将来经费必紧，印书能否坚持也不好说，但他还是答应了，同时也提出自己的条件：要将功课排在上半日，并备车迎送。姬亦允之。这样，第二年又续约干了下去。

颇费周折的《魏石经考》

王国维回到上海的第一年，也有让他感到高兴的事情。这一年，他写了一篇《魏石经考》，这篇文章与次年所写的《殷卜辞中所见先公先王考》，都使他感到同样的欣慰，他本人也常常将这两篇文章相提并论。那么，他为什么会对“魏石经”感兴趣呢？这篇文章又是如何写成的呢？在回答这个问题之前，先让我们看看中国古代的石经是如何演革的吧。

早在公元175年，也就是东汉灵帝熹平四年，蔡邕等人向朝廷建议正定儒家的经典文字，得到许可后，便在当时的太学前立碑，将《鲁诗》《尚书》《周易》《春秋》《公羊传》《仪礼》《论语》等儒家七经刻在上面，一共是46块。这便是“汉石经”的由来。由于碑文是用隶书一种文字刻成，所以汉石经也称“一字石经”，又由于是在熹平年间刻的，所以又叫“熹平石经”。这是我国最早的官定儒家经典。到三国魏正始年间（240—248），当时朝廷再议刻经立碑之事，所刻石经内容包括《尚书》《春秋》《左传》（未全刊），大约27碑，都立于汉石经的西面。这便是“魏石经”，也称“正始石经”。由于这次的石经是用古文、小篆、汉隶三种文字刻成，所以魏石经又叫“三体石经”。石经对古代文化的传播、规范古代典籍曾起到过非常重要的作用。但由于改朝换代，战乱失修，再加上来回搬迁，石经也受到了很大的损坏。据《隋书·经籍志》载：“齐神武执政，自洛阳徙于邺都，行至河阳，值岸崩，遂没于水。其得至邺者，不盈太半。至隋开皇六年，又自邺京载入长安，置于秘书内省。议欲补缉，立于国学。寻属隋乱，事遂寝废。营造之司因用为柱础。贞观初，秘书监臣魏徵始收聚之，十不存一。其相承传拓之本，犹在秘府。”尽管如此，由于石经的重大价值，历代收集考证研究石经的却大有人在。从宋代起，有人就开始做这方面的工作。洪适在《隶续》中曾收集到魏三体石经《左传》遗字古文三百零七、篆文二百一十七、隶书二百九十五。到了清代，这门学问就更兴盛了。顾炎武与万斯同都著有《石经考》，翁方刚著有《汉石经残字考》、孙星衍著有《魏三体石经残字考》。此外还有杭世骏的《石经考异》，着重考证源流；冯登府的

《石经补考》，着重考证文字。但考来考去，却很少有人能把石经的本来面目考清楚的。

在1913年春，当王国维还在日本的时候，他听说洛阳又发现了一片魏石经残石，两面分别刻着《尚书》两篇及《春秋》僖、文二公，字数有一千多个，“三月中，始得拓本，则已剖而为二。又见《尚书·多士》《春秋》文公一小石，亦二百余字。比四月，余来京师，则见残小石拓本至多”。[①] 当时罗振玉也藏有大量的石经拓本。王国维看到了这些材料后，便萌发了研究魏石经的打算。1916年回国之后，他又仔细阅读了杨守敬所印黄县丁氏所藏的魏三体石经残字拓本，决定正式开始撰写《魏石经考》。

王国维的《魏石经考》，从1916年农历四月下旬开始写，至八月十七日方才将全稿及碑图完成。其间几经修改，费力颇多，进展也很缓慢，他自称“每日仅得二纸”。《魏石经考》初分上下两卷，刊于《学术丛编》第五、六期。在他六月十八日（7月17日）给罗振玉的信中说：“《魏石经考》上卷已写成，得十九页，虽其粗漏，然前人实罕用此方法，故所解决之问题实颇不少也。”一周之后，他又告诉罗振玉，《魏石经考》二卷已写成，但需要重新校对并手抄一次。到七月初七（8月5日），他才将《魏石经考》清

① 王国维：《魏石经考自序》，《观堂集林》卷四。

稿写成，但他同时又说："此稿石印底子恐仍须自书。"八月，因考证汉魏博士，知魏时古文《尚书》与《左传》已立博士，"可见《尚书释文》尚有须增加之处"；而已清稿之《魏石经考》，乃于本月上旬复加修改。八月初四（8月31日），致书罗振玉说："其中《魏石经经本考》一篇，几全行改易。……此次殆可为定稿矣。然再写石印底本，尚须半月有余乃可成。碑图恐尚须自写，恃人全不成也。"八月十七日（9月14日），他终于将全稿完成。其间共用了五个月，前后修改两次。王国维自叹道："甚矣！著书之难，而修改之又乌可以已也！"

这篇文章在《学术丛编》发表时，共有八个部分：一、汉石经经数石数考；二、魏石经石数考；三、魏石经经本考；四、魏石经拓本考；五、魏石经经文考；六、魏石经篇题考；七、魏石经古文考；八、魏石经书法考。1921年，王国维编订《观堂集林》时，又将其中的《经文考》《篇题考》和《古文考》删去，仅存五个部分入籍。由此也可见王国维治学的严谨。

《魏石经考》的第一部分是《汉石经经数石数考》，那么为什么考证魏石经却要从汉石经开始呢？王国维回答说："汉魏石经同立于太学，其时相接，其地又同。昔人所记，往往互异。故欲考石经经石数，必自汉石经始矣。"但汉石经经数石数，同样是一个复杂的问题。据《后汉书·灵帝传》《卢植传》《儒林传·序》《宦官传》都说是五经。而《蔡邕传》及《儒林传》张驯下又说是六经。《隋书·经籍志》却说是七经。至于所刻的具体内容，《洛阳记》说是《尚书》《周易》《公羊传》《礼记》《论语》五种；《洛阳伽蓝记》说是《周易》《尚书》《公羊》《礼记》四种；《隋书·经籍志》说是《周易》《尚书》《鲁诗》《仪礼》《春秋》《公羊传》《论语》七种。说法也非常不一样。石碑数目有多少呢？《西征记》中说是四十枚，《洛阳记》中说是四十六枚，《洛阳伽蓝记》与《水经注》中都说是四十八枚，《北齐书·文宣帝纪》则说是五十二枚。王国维说对于上面这些问题，都是“先儒所谓不可得而祥者也”，他本人则认为：“欲知汉石经之经数、石数，当以二者参伍定之。”他就用此法互相参校，得出的结论是“经数莫确于《隋书·经籍志》，石数莫确于《洛阳记》”。也就是说汉石经经数是《周易》《尚书》《鲁诗》《仪礼》《春秋》《公羊传》《论语》七种，石数是四十六枚。“汉石经之经数石数既明，然后魏石经之经数石数可得而考矣。”

解决了汉石经的问题后，王国维把目光又投向了魏石经。关于魏石经的经数石数，历来的说法也是大有出入。魏石经所刊经数，有的书上说是两部，有的说是三部；石数，《水经注·谷水篇》说是四十八碑，《西征记》说是三十五碑，据《洛阳伽蓝记》的记载则说是二十五碑。王国维认为，无论是二十五、三十五，还是四十八，都容纳不下《尚书》《春秋》《左传》三书的字数。“《尚书》《春秋》《左传》三经字数，须一百五十五石乃能容之。此不独与古书所记石数无一相合，已恐非正始数年中所能办”，所以经数说是三部，肯定是不确切的。他经过仔细推算，得出结论说，石数以《西征记》为最确，也就是三十五碑，经数是《尚书》《春秋》《左传》不假，但《左传》至庄公中叶而止，没有全刻。

他是怎样考证出来的呢？使用的还是考证汉石经的办法，将经数与石数“二者参伍定之”，同时也运用他一贯使用的将古籍与地下出土文物相互佐证之法。具体说来，他先是依据光绪年间洛阳出土的魏石经残石，确定经文每行二十字，并三体计之，得六十字。用此行款再去对照洪适《隶续》残字，皆得每行六十字。然后又用每行字数，推定每碑行书。再以每经字数参互求之。“《左氏隐桓二公传》共九千三百三十九字，加以《尚书》一万八千六百五十字，《春秋》一万六千五百七十二字（篇题字未计），共得四万四千五百六十一字；每字三体，得十有三万三千六百八十三字。今依《西征记》三十五碑记之，得十有四万七千字……”还有一万三千多字，就是《左氏庄公传》中的一部分。这样，两相比较，恰好相等，由此可知，《西征记》的记载是最确切的。

王国维在考释石经所使用的“二者参互定之”的方法，是“前人罕用之”的发明创造，同时也是科学合理的。然而，他在讲述魏三体石经中的古文时，把它当作最早的古文（科斗文），却是错误的。其错误的根源在于他没有见到魏以前古文的实物。在王国维卒后二十六年，即1953年7月，我国考古工作者在长沙南门外仰天湖清理一座战国时期的古墓时，发现楚简四十三枚，简上文字清晰可辨，字体与魏三体石经中的古文极为接近，这也就是古文献中所说的科斗文。20世纪60年代在山西侯马出土的石简盟书，更进一步揭示科斗文确是春秋战国时期的文字。[①] 这都说明王国维将魏三体石经中的古文看成是最早的古文是不正确的。当然这也不能全怪他，如果他不是那么早地结束自己的生命，能够看到后来出土的文物，以他的敏捷、勤奋、态度严谨，则肯定会避免类似的错误，并取得更大的成绩。

---

① 萧艾：《王国维评传》，浙江文艺出版社1983年版，第133页。

登上光辉顶峰的甲骨研究

如果说，王国维在日本对甲骨文的研究，只是小试身手的话，那么，1917 年则可以说他登上了一个光辉的顶峰。这一年，他所写的《殷卜辞中所见先公先王考》《续考》和《殷周制度论》，可以说是我国甲骨学发展成为一门成熟的学科的标志，也为王国维本人奠定了在这个学科中的领先地位。郭沫若说，我们对“卜辞的研究要感谢王国维，是他首先由卜辞中把殷代的先公先王剔发了出来，使《史记·殷本纪》和《帝王世纪》等书所传的殷代王统得到了物证，并且改正了他们的讹传。……我们要说殷墟的发现是新史学的开端，王国维的业绩是新史学的开山，那样评价是不算过分的”。①

① 郭沫若：《十批判书·古代研究的自我批判》。

王国维对甲骨卜辞的研究，先是从研究王亥之名开始的。原来罗振玉在日本考释时已发现王亥之名了。后来，王国维读《山海经》《竹书纪年》知王亥为殷之先公，并与《世本》中之“胲”、《帝系篇》中的“核”、《楚辞·天问》中之“该”、《吕氏春秋》之“王冰”、《史记·殷本纪》中之“振”、《汉书》中之“垓”，实为一人。再深入一步，王国维又考定《史记》中关于殷商世系的记载，可以用甲骨文加以证实。这样，过去有的人认为《史记》关于殷商世系的文字，不过是“传闻”或“假想”，这次却得到了证明；同时也证明《帝王世系》等古文献，不应轻易怀疑。此外，还纠正了《史记·殷本纪》对殷祖先排列顺序上的错误。依卜辞：报丁应在报乙、报丙之后。更重要的是，王国维所发明的这种将古文献与出土文物相互参证的研究方法，对于古代历史的研究具有非常深远的意义。

1917年3月，王国维将他刚刚写定的《殷卜辞中所见先公先王考》寄给罗振玉。罗振玉看后，非常兴奋。他写信给王国维说：“昨日下午邮局送到大稿，灯下读一过，忻快无似！弟自去冬病胃，闷损已数月，披阅来编，积疴若失。忆自卜辞初出洹阴，弟一见以为奇宝，而考释之事，未敢自任，研究十年，始稍稍能贯通，固知继我有作者必在先生，不谓捷悟遂至此也。”[①]

王国维撰写《殷墟卜辞中所见先公先王考》，所依据的甲骨文材料主要是刘鹗的《铁云藏龟》和罗振玉的《殷墟书契前后编》。稿子写成一个月后，得见英伦哈同氏《戬寿堂所藏殷墟文字》拓本凡八百纸。又过了一个月，罗振玉从日本回到上海养病，行装中有新拓之书契文字约千纸。王国维仔细阅读之后，认为“二家拓本中，足以补正余前说者颇多”，于是“复写一编，以质世之治古文及古史者”，这就是他写定于1917年四月中旬的《殷卜辞中所见先公先王续考》。

在此基础上，王国维又写成了《殷周制度论》这部影响巨大的论文。他在9月13日写给罗振玉的信中说：“《殷周制度论》于今日写定。其大意谓周改商制一出于尊尊之统者为适庶之制，其由是滋生有三：一、宗法，二、服术，三、为人后之制。与是相关者二：一、分封子弟之制，二、君天子臣诸侯之制。其出于亲亲之统者，曰庙制。出于尊贤之统者，曰天子诸侯世，而天子诸侯之卿大夫皆不世之制。”这篇文章问世后，便轰动一时，他自己也颇为得意：“此文于考据之中，寓经世之意，可及亭林先生。”[②]

---

① 王国维：《观堂集林》卷九。

② 王国维：《王国维全集·书信》，中华书局1984年版，第214页。

王国维在《殷周制度论》中开门见山地指出："中国政治与文化之变革，莫巨于殷周之际。"而"夏殷间政治与文物之变革，不似殷周间之剧烈也"。这篇文章的主旨是论周代制度与殷商制度的区别。关于周代制度的特点，王国维在这篇文章中指出："欲观周之所以定天下，必自其制度始。周人制度之大异于商者：一曰立子立嫡之别。由是而生宗法及丧服之制，并由是而有封建子弟之制，君天下臣诸侯之制。二曰庙数之制。三曰同姓不通婚之制。此数者皆周之所以纲纪天下，其旨则在纳上下于道德，而合天子、诸侯、卿、大夫、庶民以成一道德之团体。"

应该说，王国维之所以对于殷周间政治与文化的大变革予以如此重视，这也跟他所处的时代有关。尽管他本人一直想专心读书，但时代环境并不允许他这样做，他也无法完全摆脱时代所强压给他的重负。而他所处的时代与殷周间一样，也正是中国政治与文化大变革的时代。1911 年的辛亥革命，推翻了中国数千年的封建制度，这样的变革可以说是前所未有的。而随后军阀战乱，袁世凯称帝，南北矛盾加剧，莫不使中国社会处于风雨飘摇之中。

王国维在上海这样一个敏感的城市，周围的环境使他不能不对时局有所反应。1916 年 5 月，他连致罗振玉两信，对时局进行了分析。袁世凯于 1915 年年底演出"总统变皇帝"丑剧后，即宣布 1916 年为"洪宪元年"。不久，护国战争起，各省响应。王国维在信中说：“乱事靡定，人思息肩，天下大势恐遂归匹磾（借指段祺瑞）之手。以势力计之，大约段七分，南军三分。颇闻袁之要人已多归心匹磾，然亦可反复。此人在今日，正如夫己氏（借指袁世凯）之在辛亥，然亦岂拨乱之才哉！”

5月10日，再致罗振玉信说：“北庭解纽，南势方张，匹磾钞辛亥陈文解决时局，凡旧系人物已隐隐成一同盟，党人势力亦有加无已，而势力终稍逊于段，将来总以袁退段代了此一局。”1917年1月初，张勋及徐树铮等北方军阀举行第三次“徐州会议”。1月13日，王国维致友人信说：“浙事暂定，徐州会议又开，以后北派势力当增长，此自然之势也。”6月6日，张勋率辫子军进京的前一日，王国维致信罗振玉说：“此次北方事变不容乐观，公前书言继起正自有人，自是定论。然继起者标榜新帜，恐较前人更为可畏也。”7月1日，张勋率军进京后，解散国会，逼走总统黎元洪，拥戴宣统宣布复辟。7月4日，段祺瑞以讨逆军总司令名义发出讨伐张勋通电，应者四起。7月6日，王国维在此致信罗振玉说：“今日情势大变，北军多已应段，战争即将于京津间，张军中断，结果恐不可言。”

从上述这一系列的事变以及王国维本人的态度来看，他对时局还是非常敏感的。尽管他的政治立场非常保守，但作为一个读书人，手无缚鸡之力，他也只能作为旁观者发发感慨而已。而当时时局的剧变却可能在他心中激起很大的波澜，他就将它们内化在自己的学术研究之中，通过对历史文化的研究，间接地表达自己的感触。从这一角度来讲，《殷周制度论》的命意其实是非常深远的。正像刘烜在《王国维评传》中所说的，“王国维所以重视研究不同朝代制度文物与立制之本意即希望找到万世治安之大计”。①

当然，《殷周制度论》的价值主要还是在学术方面。在由他本人以罗振玉的名义所拟的《观堂集林序一》中，王国维指出：“丁巳君撰《殷卜辞中所见先公先王考》及《殷周制度论》义据精深，方法缜密，极考证家之能事。而于周代立制之源及成王、周公所以治天下之意，言之尤为真切。自来说诸经大义，未有如此之贯穿者。盖君之学，实由文字、声韵以考古代之制度、文物，并其立制之所以然。其术皆由博以反约，由疑而得信，务在不悖、不惑，当于理而止，其于古人之学说亦然。君尝谓：‘今之学者于古人之制度、文物、学说无不疑，独不肯自疑其立说之根据。’呜呼！味君此言，可以知君二十年中学问变化之故矣。”王国维对甲骨文的研究，是从认识一个字一个字开始的，但他的可贵之处在于他又并不仅仅局限于认识甲骨文字，等到能够通读、切实了解卜辞的内容之后，他又把它应用到古史的研

① 刘烜：《王国维评传》，百花洲文艺出版社 1996 年版，第 284 页。

究中去。这样他就打通了古文字研究与古史研究的通道，将二者融为一体。当时学界正是疑古之风渐起，而王国维却对这股学风有着自己的看法，他的立论无不建立在实事求是的基础上，当疑者疑，当信者信，不盲从，一切从实证的角度出发，以古籍与地下实物相佐证。这种治学态度与治学方法，也是他贡献于古史研究更重要的东西。

王国维在甲骨文方面做出的贡献，尚不至此。他还是甲骨断代与缀合的第一人。所谓断代，就是确定古器物的年代。这项工作有很大的价值。安阳小屯出土的甲骨文字，是殷后期的产物，这是毫无疑义的。但从盘庚迁殷到帝辛亡国，历时二百七十三年，经历了九个朝代。如何能确切地知道每一片甲骨属于某一朝代的卜辞呢？这当然是很困难的，但只有确切地知道每一片甲骨属于某一朝代，才能增进甲骨的史料价值。王国维不畏艰难，独辟蹊径，创立了从卜辞的“称谓”来断代的新方法。在他读罗振玉编写的《殷墟书契后编》的时候，在其上卷二十页第五片卜辞上，写着这样的内容：“甲辰卜、贞、王宾求祖乙、祖丁、祖甲、康祖丁、武乙、衣无尤？”根据这一线索，王国维指出：“武乙以前四世为小乙、武丁、祖甲、康丁。祖乙即小乙，祖丁即武丁；非河亶甲之子祖乙，亦非祖辛之子祖丁。”那么，这一片甲骨，就可断定是文丁时物。

与断代一样，给甲骨文研究带来很大推进作用的是缀合。1917 年，王国维为仓圣明智大学姬觉弥编《戬寿堂所藏殷墟文字》，继而写了《戬寿堂所藏殷墟文字考释》。在这一过程中，他有一个意外的收获，就是发现其中的一片与罗振玉《殷墟书契后编》上卷的一片“文义连续而断痕可相结合”，从而断定这原是“一片折而为二”。我们知道，甲骨埋藏在地下，经过了千余年，出土时很难完整无缺，农民在盲目挖掘时就可能造成破损，商人又有可能把同一片甲骨卖给不同的买主。这都无疑增加了研究甲骨文的难度。因此用缀合的办法将甲骨复原，对甲骨文的研究是非常有价值的事情。当然，要做到这点，首先需要有甲骨学丰富的知识，即熟悉甲骨的类别和整治方法，不然的话，就无法通过龟甲的“齿缝”与“盾纹”来判别著录书中的拓本、摹本、照片是甲还是骨，是腹甲、背甲还是残古版的某一部位？其次还需要熟悉甲骨文的卜法、文例与卜辞的内容，如果光凭形状差不多或部位大体相合来缀合，肯定会造成许多错误。因此，如果没有博闻强记，又不善于发现问题，是不可能做好缀合工作的。从这一点来看，王国维在这一方面所做出的贡献的确令人钦佩。

王国维并无经济力量收藏甲骨，但是他看到了大量的甲骨文拓片。可以说，在他的时代，他是看到这方面材料最多的一位学者。除了刘鹗、罗振玉所藏的甲骨之外，他还看到了哈同收集到的《戬寿堂所藏殷墟文字》以及马叔平赠送给他的京师大学所藏的甲骨拓本千余片，此外还有徐乃昌所藏的甲骨拓本《随庵所藏甲骨文字》。这样王国维的眼界也就更加开阔了。在随后的岁月里，他仍然继续努力研究甲骨，取得了一个又一个的重大研究成果，令世人所瞩目。当然这些成果的取得都耗费了他大量的心血，得来确实不易，以至于在1919年10月，他发出了“殷墟文字人力殆已罄尽，以后只可于无意中拾得数字”的感叹。

尽览传书堂藏书

1917年的年底，王国维突然接到“哈园”《学术丛编》停办的通知，这使他再次陷入困境之中。《学术丛编》的停办，意味着王国维将丧失一项重要的经济来源，也失掉了发表自己文章的一块园地。虽然总管姬觉弥答应他，《学术丛编》停办后，让他“永办四库书事”，收集《四库全书》以外的古籍，以《四库未收书》之名刊行，但他知道，这种事与“哈园”所从事的一切文化活动一样，只不过是姬觉弥等人沽名钓誉的又一招牌而已。果然，《四库未收书》不久便流产了。

恰在此时，他的好友孙德谦告诉他，缪荃孙的一位学生曹元忠正在为蒋汝藻编藏书目录，月薪五十元，但历时一年，曹元忠竟未成一字；正在为孩子们的学费发愁的王国维听到这个消息后，非常高兴。他在1917年12月31日（丁巳年十一月十八日）致罗振玉的信中说："今日访孙益庵，谈及吴门曹君为蒋孟蘋编藏书目（月脩五十元）。去岁不成只字，今年重申明约束，约每月至少作跋二篇，而至今仍无只字交卷。孟蘋宋本无多，然明刻善本及钞校诸本约在千部以上，即使某君能每月交二篇，至十年后亦不过成四分之一。某君之事，明年断不能连续，竟多增一人，于孟蘋甚为有益，且工作能快意，薪水亦可增多……好在吾辈做事不肯素餐，此事在上海亦有人知之，此或有四五分成就也。"[①] 罗振玉知道这个消息后，准备写信给蒋汝藻促成此事，但王国维考虑到曹元忠与蒋汝藻的交谊，决定不急于行事，这也是王国维一向的忠厚之处。结果一拖又是一年。到1919年9月，曹元忠辞去此职，王国维方才正式接任。

王国维认识蒋汝藻是在他1916年回到上海之后。两人不仅同龄，而且都是浙江人。蒋汝藻，字元彩，孟蘋是他的号，他还有一个号是乐庵。他是光绪年间的举人，曾当过清学部郎中总务司行走。后来在上海办企业，经营轮船、农垦，又兼做珠宝生意，发了财，成了资本家。不过他与那些满身铜臭、附庸风雅的市侩之流不同，他平生非常喜爱藏书，而且常常是自己手抄。经他收集收藏的宋元明刊秘籍、

① 王国维：《王国维全集·书信》，中华书局1984年版，第234页。

明人文集多达五千余种。当时江南有三大藏书家，蒋汝藻就是其中之一。传书堂（或称密韵楼）就是蒋汝藻藏书之所。

蒋汝藻藏书还有一个特点，那就是他并不将珍贵的古籍禁锢起来，而是勤加校理，以广传布。这样在他的周围有许多当时的学者名流，常常到他那里鉴赏古书字画，一起讨论。从1919年王国维接任编撰《传书堂藏善本书志》之后，更是成为蒋汝藻家的常客。后来王国维还写过一篇《乐庵居士五十寿序》，专门记叙两人的交谊：

“余与乐庵居士同岁，同籍浙西，宣统之初，又同官学部，顾未尝相知也。辛亥后，余居日本，始闻人言，今日江左藏书有三大家，则刘翰怡京卿、张右铭观察与居士也。丙辰之春，余归海上，始识居士。居士亢爽有肝胆，重友朋，其嗜书盖天性也。余有意乎其为人，遂为定交。由是得尽览其书。居士获一善本，未尝不诏余，苟有疑难，未尝不与余相商度也。余家无书，辄借诸居士，虽宋椠明钞，走一力取之，俄顷而至。”①

王国维与蒋汝藻的交谊一直保持到他死后，长达十年之久。在这期间，王国维不仅为蒋汝藻鉴别考订版本，还经常利用与学人交往的机会，为蒋收集书市动态，帮其策划；王国维经济拮据时，蒋汝藻常常慷慨解囊；王国维参加宫廷

① 陈乃乾:《观堂遗墨》卷上。转引自吴修艺《王国维〈传书堂藏善本书志〉研究》，《王国维学术研究论集》第二辑，第316页。

活动没有朝服，蒋汝藻及时寄送；蒋汝藻经营企业破产后，唯引王国维为知音，长札书怀，一吐为快，王国维则以寿序条幅相安慰……正像吴修艺在《王国维〈传书堂藏善本书志〉研究》中所指出的："在政治外貌上，虽然一个加入了清室遗老队伍，一个是洋装资本家，但王国维标榜自己潜心学问，不介党派，蒋氏宣称自己对政界素无好感，两人还是有相通之处，这是他们私谊弥笃的思想基础。"[①] 王国维与蒋汝藻的交往，完成了两件十分重要的事情：一是蒋汝藻为王国维校刻《观堂集林》；另一个便是王国维为蒋汝藻完成了《传书堂藏善本书志》。

王国维平生唯以读书为乐。这次为蒋汝藻编书志，既可以贴补家用，又可以尽览蒋的藏书，正是他求之不得的事情，所以工作起来尽心尽力。前任每月交两篇还不能保证，而他从1919年9月开始，只用了六个月的时间，就将经部书179部编录完毕。以后更以七个月录毕史部近700部，又以六个月的时间录毕子部600部。到1923年11月，全书基本定稿。1924年7月，王国维将浸透着自己四年多心血的书目稿两大包，在北京当面交给了蒋汝藻。蒋汝藻看了书稿之后，非常高兴，对王国维的辛勤劳动，也由衷敬佩，他认为王国维为自己所编的《传书堂藏善本书志》，即使是缪荃

① 陈乃乾:《观堂遗墨》卷上。转引自吴修艺《王国维〈传书堂藏善本书志〉研究》,《王国维学术研究论集》第二辑，第317页。

孙的《嘉业堂藏书目》也“未能过之”。并决定将此已写定之稿先行付刻后，与王国维继续合作，再编《续录》。

蒋汝藻雄心勃勃，“预备《续录》约以千种为断”，就在此时，却发生了一件意想不到的事情。蒋汝藻在上海经营的企业突遭意外，几乎濒临破产，以后几度努力想重整旧业，终没能成功。1925年秋，为暂脱困境，蒋汝藻被迫将传书堂善本书作为抵押，质于兴业银行。抵押期满，仍无力赎回，善本书除少数宋元本和明人集外，大部分归商务印书馆。多年的心血，付诸东流。他对王国维说：“弟半年以来，所历都非人境，不知曾造何孽致有酷报。”“弟与吾兄相处数年，情同手足，行为尝为兄所深悉。自问甘心吃亏，未尝妄取。”“卅年心血付诸流水已可痛苦，况将祖父所遗及百千费尽心力陆续收回者，亦复一并攘夺，此而可忍孰不可忍？言念及此，心痛欲狂。”王国维得知这一消息后，也非常同情。他在给日本友人的信中说：“蒋氏密韵楼之书，因商业失败，现归商务印书馆。弟与蒋君多年旧交，亦代为惋惜也。”①

传书堂藏书佚散之后，社会上一度曾冒出过许多《传书堂书目》传抄本，但这些传抄本都不全，无法反映当时王国维苦心经营的书目全貌。好在台湾大通书局所刊的

① 王国维：《王国维全集·书信》，中华书局1984年版，第434页。

《传书堂藏善本书志》手稿影印本，保存了王国维撰写的定稿本，能够使我们完整地看到他当时编写书目的真实情况。

从《传书堂藏善本书志》定稿本，可以发现王国维当年读书之广、校书之精，确实常人难比。定稿本共收录宋元明清善本书 2700 部，58768 卷。其中，宋版本 189 部，元版本 128 部，明版本 1668 部，抄本 831 部，稿本 84 部。经王国维手校手批并将校勘结果录入提要的书籍，在百部以上。同时，《传书堂藏善本书志》还充分吸取前人的研究成果，收录了明清著名学者的序跋提要和校勘 483 则，并参考和补订自宋以来各家官私书目共 42 种。在王国维的全部著作量中，这个书志的篇幅占有六分之一的比例。而与历代的私家书目相比，《传书堂藏善本书志》也可算得上是鸿篇巨制。

南书房行走，种下遗老嫌

就在王国维为蒋汝藻编写书目还没有完全编完的时候，一次机遇使他的一生蒙上了一层神秘的色彩。1923年农历的三月一日，清朝末代皇帝突然降旨：让王国维在“南书房行走”。

南书房，又称南斋，地点在故宫乾清宫门西南。这是皇帝读书的地方，但同时它又带有皇帝私人秘书处的性质。凡是在南书房供职的，都是进士、翰林出身。他们的职务是讲学、查书、吟诗、作画、鉴赏古物等，所谓文学侍从之臣。但是，这取得皇帝信任的，也帮忙处理一些无关紧要的政务。

本来，1911年的辛亥革命已经推翻了清朝的统治，帝制也被取消了，但按照当时北洋政府与清皇族的协定，皇帝仍可在紫禁城这个狭小的范围内称孤道寡，并享受外国君主的待遇。所以清逊帝溥仪虽然已于1912年2月12日下诏“逊位”，但他在小朝廷内，依然保持着“君临天下万民”的皇帝之态，一切礼仪体制，未曾改变。1922年，溥仪长到16岁，举行了“大婚礼”，算是成人了，应该多跟有学问的人接近，这样，第二年，便降旨，让王国维等四人，“均在南书房行走”。“行走”，就是入值当班的意思。“南书房行走”的官职虽然不是很大，却也代表着一种荣耀。特别是对王国维来说，自己只是个秀才出身，能够入值南书房，更是难得的“殊荣”。王国维可以说是受宠若惊，自以为有清一朝，自以布衣应征之朱彝尊以来第一人。

1923年农历四月十日（5月25日），他匆忙打点行装，由上海启程北上，十三日至天津，十六日到达北京，二十日（6月1日）入小朝廷“觐见”。这时，其他三人尚未到齐，怎样入值也没有确定，一切要等人员到齐再说。王国维感到有些无所事事。

刚到北京的时候，他暂时在司法部街东华银行借住，6月29日，迁往地安门内织染局十号寓所。这个新寓所，“其屋二十间，上房及厢均甚高敞”，王国维非常满意，而更让他感到高兴的是，他的邻居是北京大学的教授马幼渔，藏书很多，可以随时去借阅。这时，他自己的藏书也已从上海运来，他用了三整天的时间来整理。

刚到北京，免不了又要忙于应酬一段时间。但王国维更关心的是学术研究，学术上的每一项发现都牵动着王国维的心。他在给徐乃昌的信中说："初到忙于酬应，惟不甚有见闻，所知者洛阳所出魏石经甚多，除三大块外，尚有小块无数，又出一字经（《论语》）一小块，尚有相似者数块，亦似汉石经。此近来一最快意事也。"[①] 洛阳发现汉魏石经，这让王国维感到非常快意，而溥仪小朝廷五月中旬宫中失火，焚去建福宫及中正殿佛楼百余间，则让他非常痛心，因为被焚掉的都是明代建筑，是极其珍贵的文物。同时，他又感到自入宫以来，入值办法尚未确定，自己不能为皇上做事，"素餐之诗滋为愧耳"。

1923 年农历六月一日，王国维又得到"谕旨"："加恩赏给五品衔，并赏食五品俸"，及中旬，始定"每六日入内一次"。王国维盼望已久的事情总算有了着落。九月二十二日，王国维又奉"谕旨"，清理景阳宫等处的藏书，能够亲自接触皇家的藏书，这也正是他求之不得的事情。王国维离开上海，来到北京，为皇帝做事，之所以答应得这么痛快，除了他对皇室的一种特殊的感情之外，能够接触到皇室藏书，也是他赴任的重要原因。

皇帝被废，政事当然要减少，王国维要做的事情也很

① 王国维：《王国维全集·书信》，中华书局 1984 年版，第 351 页。

单一，他也有充足的时间来继续自己的学术研究。蒋汝藻的书目尚未编完，他还可以继续做这项事情。七月初，他在北京文友堂看到一部《进士题名碑录》，马上写信告诉蒋汝藻，希望能够买下，以为“得此书，则明人集部次第便可定稿矣”。

王国维也可以读自己喜欢的书。自八月初一起，他又仔细重读了一遍《韩诗外传》《春秋繁露》《逸周书》《山海经》等书，这次他所留心的是古音韵。以前他曾将王念孙的《方言疏正》稿录在《周秦合韵谱》内，采有《逸周书》《穆天子传》《战国策》等书;《西汉合韵谱》内，采有《尚书大传》《韩诗外传》《春秋繁露》等书。他认为自己以前所作的《周秦合韵谱》和《西汉合韵谱》都有遗漏，尚待补辑。又见到王念孙遗书《谐声谱》二册，是用古音二十一部谱《说文》诸字，但王念孙的稿本仍然有残缺，所以决定写一篇《说文谐声谱》来补正。这篇文章，王国维用了近四个月的时间，到年底才写成。中间也是几经修改，写完后，定稿题目换为《补高邮王氏谐声谱》，后收进《王国维遗书》之中。

农历十一月初一日，王国维在北京述古堂购得一部《水经注笺》，这是嘉庆道光年间陶文毅的藏书。王国维如获至宝。

他对《水经注》这部书，一向非常重视。在他从事古器物、古地理和古史的研究和考证时，就曾用了其中很多相关的资料。同时他也发现，《水经注》在流传的过程中，存在着许多讹错之处，需要认真校勘。1916年农历三月，在他给罗振玉的信中，曾提到他要校勘《水经注》的事情，在四月里，他即手临沈曾植校吴县曹氏旧藏残宋本《水经注》卷39之半及卷40。沈曾植校宋本，是在明嘉靖年间黄省曾刊本上，王国维则移录于赵一清《水经注释》本内。1922年春，他在为蒋汝藻编写书目的时候，得见蒋汝藻所藏《永乐大典·水经注》，自河水至丹水共四册，即校于武英殿聚珍本上。1923年农历十月间，王国维又以明万历中所刻朱谋玮校笺本，校戴震改定本。

这次在述古堂购得的《水经注笺》，是全祖望七校本。购得这部书后，王国维立即又用它来复校戴震改定本，发现戴震所改定的经注，大部分早已为朱谋玮、全祖望做过，这使他对戴震的印象大打折扣。不久，他又以朱谋玮《水经注笺》为底本，校江安傅氏宋刊残本、孙潜夫、袁寿阶手校本、海盐朱氏藏明钞本及吴琯《古今逸史》，前后所校共计六个本子。他写信告诉在上海的蒋汝藻说："弟此月校得沅叔所藏《水经注》及孙潜夫校本（亦只存十卷许）。然后知公之大典本乃全自宋刊本录出，所有异同，特笔误耳。宋本此二十卷中仅存七卷，即大典之可贵，亦不亚于宋本矣。"[1]《永乐大典》本《水经注》如此珍贵，戴震便自称是据此本校注《水经注》的。可戴震的书刊出之后，发现戴校本与大典本多有不合，而多合于赵一清本。于是，有人怀疑戴震抄袭赵一清。对此，王国维在写于1924年农历二月的《聚珍本戴校水经注跋》中指出，戴书"似非全出因袭"，戴、赵相合的原因，是由于所据原书相通；同时他也指出，戴震"对郦书诸本及前人校正之勤一笔抹杀，而欲自成一定本，殊为错误，后人窃书之谤，亦有激而来也"。此跋写成后，胡适来信索稿，说："顷闻先生论戴东原《水经注》一文已撰成，千万乞赐与《国学季刊》登载。《季刊》此出东原专号，意在为公平的评判，不在一味谀扬。闻尊文颇讥弹东原，同人决不忌讳。"[2] 与王国维一样，胡适对《水经注》这部书也非常重视，用力也颇勤。但对于戴震的态度，两人显然是不同的。胡适撰有《〈水经注〉校本的研究》一文，专门替戴震（东原）"辨诬"。

专就《水经注》校本研究而言，王国维继承了包括戴震在内的明清两代学者的成果，囊括了当时所能收集的各种重要版本，比勘折中，开拓了前人未有的境界，乃是近代从事此书校勘贡献卓著、影响最大的学者之一。

---

① 王国维：《王国维全集·书信》，中华书局1984年版，第388页。

② 《胡适致王国维书信十三封》之一，《文献》第十五辑，1983年。

当然，王国维对《水经注》的研究，都是在“业余”时间完成的。他此时的正业是检理景阳宫的藏书。到1924年农历四月下旬，景阳宫藏书整理完毕。这一年的八月初四，罗振玉也奉“旨”入值“南斋”。从天津到达北京后，即住在王国维家。九月，王国维又得到“谕旨”，命他偕同罗振玉检理内府藏书。这又是王国维所企望的。

王国维天真地认为，既然皇帝享受外国君主的待遇，那么至少在小朝廷内，可以远离当时的政治泥涡，享受一片安静的空间。但以后的事实发展却表明，自己的这一想法是非常幼稚可笑的。

1924年农历九月二十三日，冯玉祥率国民军进驻北京，架炮于景山，直指宫门。十月初九日下午三时，冯部鹿钟麟、张璧“保护”溥仪出宫，迁至其生父居处“醇王府”。同日，宣布《修正清室优待条件》，共五条。第一条为“大清皇帝从即日起永远废除皇帝尊号，与中华民国国民在法律上享有同等一切权利”，并命溥仪交出“国玺”。

“逼宫”事发，王国维为“皇室侍从”之一。十月初九，溥仪被逼出宫，他“随侍左右，未敢稍离左右”。十一月初三（11月29日），溥仪潜入日本使馆，王国维又“时往觐见”。而当冯军炮架景山之时，王国维怀着“君辱臣死”之义，曾数度“欲自沉神武门御河”，皆为家人所阻而未果。事后，王国维借为蒋汝藻贺寿，追述前情，仍沉痛不已，他说：“甲子十月十日之变，自冬徂春，艰难困辱，仅而不死。”①

这还只是问题的一面。王国维自入宫以来，以陈宝琛为首的“旧派”与以郑孝胥为首的“新派”之间，常常相互倾轧、争斗，也使他不胜其烦。而更糟糕的是，在别人看来，王国维与罗振玉、升允等，“常共计事，或联名具疏，议论或出一口”，一定又是一新“朋党”。这确实有违自己的初衷。所以他渐生去意。他对罗振玉说：“观之欲请假者，……因此恶浊界中机械太多，一切公心在彼视之尽变为私意，亦无从言报称。”②

① 王国维：《乐庵居士五十寿序》，《观堂遗墨》卷上。

② 王国维：《王国维全集·书信》，中华书局1984年版，第400页。

长辫子教授的清华生活

清华园内的清华学校，原为一所留美预备学校。它是用美国退还庚子赔款的余额办起的。1925年下半年起，清华学校改为大学，与此同时，国学研究院也正式成立开学。当时的国学研究院筹备主任吴宓在《清华开办研究院之旨趣及经过》一文中，谈到为什么要开办国学研究院时说："曹（云祥）校长之意约为三层:（一）值兹新旧递嬗之际，国人对于西方文化宜有精深之研究，然后方可以采择适当，融化无碍;（二）中国固有文化之各方面（如政治、经济、文史、哲学）须有通彻之了解，然后今日国计民生，种种重要问题方可迎刃而解，措置咸宜;（三）为达上言之目的，必须有高深之学术机关，为大学毕业及学问已有根柢者进修之地，且不必远赴欧美，多耗资财，所学且与国情隔阂，此即本校设立研究院之初意。”[①]

为什么要设国学一门呢？盖以“中国经籍，自汉迄今，注视略具，然材料之未备及方法之未密，不能不有待于后人之补正。又近世所出古代史料，至为伙颐，亦尚待会通细密之研究，其他人事方面，如历代生活之情况，言语之变迁，风俗之沿革，道德政治宗教学艺之盛衰；自然方面，如川河之迁徙，动植物名实之繁衍，前人虽有记录，无不需专门分类之研究”。而“此种事业，终非个人及寻常学校之人力所能成就”。“故今即开办研究院，而专修国学。”“所谓国学者，乃指中国文化之全体而言。”[②]

办国学研究院，首先需要教师，而且需要的不是一般的教师，必须是在国学研究方面颇有造诣的人，才能胜任。王国维可谓是正当其任。他学贯中西，对国学造诣博大精深，对西学也颇精通。所以，当时胡适极力向清华学校校长曹云祥推荐他。顾颉刚在《古史辨》中回忆说，他在1924年冬写信给胡适，请他去见曹云祥，聘请王国维到国学研究院任教。胡适跟曹都是留美学生，王国维的“南书房行走”的差事也因溥仪出宫而丢失，此时正为生计而发愁，所以一说便成。

---

① 见《清华周刊》第351期。

② 见《清华周刊》第351期。

其实王国维之所以肯接受清华的聘请，除了上面所说的原因外，更重要的是，宫内的争斗，使他不能安心读书，这对他来说是最要不得的事情，他想早日“离此人海”，以便安心治学。他在致蒋汝藻的信中说：“数月以来，忧惶忙迫，殆无可语。直至上月，始得休息。现主人在津，进退绰绰，所不足者钱耳。然困穷至此，而中间派别意见，排挤倾轧，乃与承平时无异。故弟于上月（即1925年农历二月）中已离此人海，计亦良得。数月不亲书卷，直觉心思散漫。会须收召魂魄，重理旧业耳。”①

1925年4月17日，王国维携全家迁入清华园西院十八号。当时，国学研究院还聘请了梁启超、陈寅恪等人任导师，但他们尚未到职，校方便要求王国维主持院务，遭到王国维的拒绝，他向校方提的要求只有一条，要多购置图书，他要利用这段时间专心于学术，不想有其他事情的干扰。

这一时期，他的读书兴趣开始专注于蒙元史，连续阅读抄校了杜环《经行记》、高居海《使于阗记》、王延德《使高昌记》、继业《三藏行记》、耶律文正《西游记》、刘祁《北使记》、刘郁《西使记》等七种古行记。从5月10日起，又开始从《连筠簃丛书》内，抄出《长春真人西游记》，历十日而毕，并为此文做校注。完后，马上着手

① 王国维：《王国维全集·书信》，中华书局1984年版，第412页。

考证《耶律文正公年谱》中的人物与事迹。同月，又根据近来查阅蒙元史及《秋涧集》所得，为 1921 年自己所校的《诗歌编》蒙古刻本补写跋文。

读书，是王国维最大的爱好，似乎也是他唯一的爱好。据王东明回忆："记得有一次他从城里回来，脸上洋溢着笑容，到了房间把包裹打开，原来是一本书，他告诉母亲说：我要的不是这本书，而是夹在书页内的一页旧书。我看到只不过是张发黄的书页，而他却如获至宝一样。"[①]

1925 年 9 月 8 日，清华研究院举行第一次教务会议，会上宣布了各教授指导研究学科的范围和普通演讲的讲题、时间。王国维指导的范围是：经学，书、诗、礼；小学，训诂、古文字学、古韵；上古史；中国文学。"普通演讲"相当于现在大学的课堂讲授，属于国学基本知识课程。王国维的普通演讲有《古史新证》一小时，《说文练习》一小时，十月中旬又加《尚书》一小时。各位教授都设有研究室，同时将该教授指导范围中的有关书籍陈列于室中，以便学生来查。除了"普通演讲"外，研究院还设有"专题研究"，学生可以在教授指定的研究范围内，就自己的兴趣，提出研究课题，再与教授商量后确定，以便定时向教授请教。

9 月 28 日，清华研究院开学。午后四时，举办茶话会，

---

① 王东明：《怀念我的父亲王国维先生》，《中国时报》1974 年 6 月 16 日。

行拜师礼，师生五十余人出席。据当时的一名学生姚名达追忆：会上，王国维“布袍粗褂，项后垂辫”，经校长介绍，“始知久仰而素昧者，即为此老。聆其声，望其貌，盖忠厚人，可与语。”第二天，研究院正式上课，“午前九时，受先生课《说文》，始惊其妙解，而有从学之心。课后，以旧在南开大学所考《孔子适周究在何年》，求正于先生。……先生阅毕，寻思有顷，曰：‘考据颇确，特小事耳。’”①

王国维对学生治学的主张，是希望首先要将书读好。“五四”以后，怎样用科学方法整理国学，各方面的意见都有不同的见解。胡适开过一个国学的必读书目，王国维却有不同看法。他说：“胡先生想把国学开出一账来，好像是索引，一索即得。但是细账开好后，大家便利了，也就不读书。”②

在清华园中，王国维指导自己的学生可以说非常负责，他也得到了学生的普遍尊敬和爱戴。有一次，王国维给学生上《尚书》课，开场白第一句话就说：诸位！我对《尚书》只读懂了一半。这使学生真正感到“知之为知之，不知为不知，是知也”这句话的深切含义。据徐中舒回忆说：“先生谈话雅尚质朴，毫无华饰。非有所问，不轻发言。……遇

---

① 姚名达：《哀余断忆》之一，见《王静安先生纪念专号》。

② 刘烜：《王国维评传》，百花洲文艺出版社 1996 年版，第 262 页。

有疑难问题不能解决者，先生直称‘不知’。”“同学辈对于先生，亦备极敬爱，故先生居研究院，至为惬适。”①

更让他感到惬适和安慰的是，在清华园，他得遇梁启超、陈寅恪，并与他们结下了深厚的友谊，成为他一生中最后的知己。

梁启超比王国维大四岁，两人都曾先后在《时务报》任过职。但当年，梁启超的名气要比王国维大得多。而这时，他却离开了政界，专心过起学者的生活来了。也许是经历过太多的风风雨雨，也许是遭遇过太多的世态炎凉，在清华园中，对于当年充当《时务报》小书记的王国维，梁启超非但不轻视，反而是恭而敬之。学生有问题问他，他常说“可问王先生”。而王国维对梁启超也非常尊重。1926年1月5日，清华学校召开校务会议，吴宓代表国学研究院提出了发展计划和预算大纲。其中有几项遭否决。吴宓即于1月7日召开国学研究院第六次教务会议，传达学校意见。会后，吴宓征求王国维的意见，王国维回答说：“前日校务会议所决定各事项，注重专题研究与不教授普通国学，本年办法已略相同，自无异议。惟减收学生一项斟酌。现在社会需要与学生求学情形，似仍以照旧案方法为是。像此事与校中经费并不增加，何必自减学校效力。此项维极赞成梁任公教

① 徐中舒：《追忆王静安先生》，《文学周报》1927年《王静安先生追悼专号》。

授之议。”从这件事中可以看出，王国维在处事方面，非常重视梁启超的意见，注意跟他协调。

陈寅恪是江西义宁人，是梁启超在湖南时务学堂讲学时任湖南巡抚的陈宝箴之孙。父亲陈三立，字伯严，晚号散原老人，是清末著名诗人。陈寅恪留学各国多年，通晓英、德、法、俄、日文之外，还通拉丁、希腊、梵、巴利、满、蒙、藏、西夏、突厥文等。踏平生以学问为性命，年近四十方才娶妻成家。1926年，陈寅恪从柏林大学归来，受聘于清华园，与王国维相识。两人可谓是一见如故。两人都把书当作第二生命，把联袂逛海王书肆视同乐事。共同的志趣爱好使他们紧紧相连。王国维临死前写的遗书，有“书籍可托陈、吴二先生处理”一语。陈就是陈寅恪，吴是吴宓。把自己视为第二生命的书籍托付给陈寅恪，可见二人相知之深。

王国维在清华园的生活，是他一生中度过的短暂而又平静的书斋生活。据《王国维评传》的作者刘烜描述，王国维的住宅，前排的十六号为书房。那里有三间平房，东间是孩子念书处，中间为客厅，放着方桌、椅子，陈设简单。西边的书房，前面临窗，其余三面墙被书架所包围，书架似乎接近房顶。临窗处有书桌一张，藤椅一把，这是主体。书桌两旁各有木椅一把，主要是备学生来质疑用的。中间有藤躺椅一把，是休息、思考时用的。他写起文章来，还是那种老习惯，桌上、茶几上、椅子上甚至地上，都摊着翻开的书，写完了文章才整理好。这地方他从不让人去整理。十六号大门经常禁闭，从后门出入，因为这正对着十八号家眷住处。这里的休闲的设备，只有一只矿石收音机，也不经常听。王国维午饭后，在家里休息一下，抽支烟，喝杯茶，与家人闲谈片刻，一点多钟又回他的书房工作了。

王国维从不注意穿着，总是一个读书人通常的打扮。最有特色的是他背后的那条发辫，这与他的服装浑然一体。然而，这在当时清华园中却显得非常突出。因为，经过辛亥革命，人们早就把辫子剪掉了，甚至连“皇帝”溥仪也不留辫子了，唯独王国维却一直留着。于是，每天早晨，漱洗之后，需要夫人照例帮助他梳头。有一次，夫人问他：“人家都把辫子剪掉了，你留着做什么呢？”他的回答倒也很值得玩味，他说：“既然留了，又何必剪呢？”据说，当时北京大学的学生常义务为人剪去辫子。王国维经常出入北大，却没有遇到任何麻烦。这大概是因为王国维一向不苟言笑、神态庄重深沉，而学问又深得广大学生尊敬的缘故吧。

最难舍者惟书册

1927年6月2日，农历五月初三，这一天与往常没有任何两样。早晨，王国维像往常一样吃过早饭，八点准时来到研究院，与同事商讨下学期招生事项。大约九点钟，他向研究院办公室秘书侯厚培借了五元钱，然后雇车向颐和园方向驶去。谁也没有料到，他这一去，竟是永别。上午十一点钟左右，一名颐和园的清洁工突然听到有人投湖落水的声音，连忙跳入水中抢救，等到救上岸，人已气绝身亡。从衣袋中捡出一张纸片，背面写着："送西院十八号王贞明先生收。"正是王国维留给家人的一封遗书，内容如下：

> 五十之年，只欠一死。经此世变，义无再辱。我死后，当草草棺殓，即行藁葬于清华园茔地。汝等不

能南归，亦可暂于城内居住。汝兄亦不必奔丧，因道路不通，渠又不曾出门故也。书籍可托陈、吴二先生处理。家人自有人料理，必不至不能南归。我虽无财产分文遗汝等，然苟谨慎勤俭，亦必不至饿死也。

五月初二日　父字

遗书是王国维在自杀前一天写好的，而就是在这一天，他还参加了清华研究院学生宴请诸导师的宴会。当时，由于时局动荡，许多学生都想离校，这一次也算是告别宴会。在宴会上，有一名学生邀请王国维去他的老家山西长治暂时避一避，王国维回答说："没有书，怎么办？"另一名学生姚名达事后回忆说："6 月 1 日正午为会。餐前聚坐，谈笑不拘形迹。有与谈蒙古史料者，则静安先生是也。布席凡四，欢声沸腾。惟先生之席，寂然无声。不知先生之有所感而不欢欤？抑是席同学适皆不善辞令欤？肴设将罄，任公先生忽起立致辞，历述同学成绩之优越，而谓：'吾院苟继续努力，必成国学重镇无疑。'众皆谛听，静安先生亦点头不语。既散席，与众作别如平时，无异态。"①

王国维的自杀，立即引起国内外各界的广泛关注。6 月 4 日，上海《申报》率先公布了这一消息。紧接着，北京

① 姚名达：《哀余断忆》之四，《国学月报》，《王静安先生纪念专号》。

《世界日报》、北大《国学月报》、清华《国学丛刊》，以及日本桥川时雄主编的《文字同盟》，上海《文学周报》、《教育杂志》，天津《大公报》等，都纷纷出纪念专号、专刊;《东方杂志》《小说月报》，也都发了专文以示哀悼。

在欧洲，法国巴黎大学教授伯希和走告巴黎“东方学”专家，向王国维的家属募捐。德国汉堡大学中国文学教授颜复礼博士代表政府聘请王国维为“东方学术研究会”名誉会员，聘书还在途中，讣告便至，又马上改致函唁。

在日本，由王国维生前好友狩野直喜、内藤虎次郎、铃木虎雄联名发《追悼小启》，在京都“袋中庙”诵经追悼，神田喜一郎致悼词，并出刊《纪念册》，题名者有六十多人，几乎包括了当时在世的全部日本“汉学家”。

纪念活动的中心当然还是在北京。王国维“自沉”的当天晚上，清华学校马上召开紧急会议，并成立了“王先生治丧委员会”。第二天下午一时，研究院学生获准入颐和园瞻仰王国维遗体。傍晚七时，由研究院同学扶柩至校南的刚秉庙停灵。送殡的队伍中，除研究院的学生外，还有清华学校教师梅贻琦、吴宓、陈寅恪、梁漱溟、陈达，北大的马衡，燕京大学的容庚等。6月4日，梁启超亲自到北洋政府“外交部”，为王国维家属力争抚恤金。同一天，罗振玉也派他的儿子从天津来到北京吊唁。

6月7日下午，研究院同学在刚秉庙王国维灵前设祭，并向校方提出，以本年奖学金额五百元，为王国维筑碑纪念。

6月16日，在全浙会馆设位致吊，亲友、师生、海内外学者送哀挽对联、诗文数百件，后由王国维诸子出名，罗振玉天津贻安堂汇刊为《王忠悫公哀挽录》。除罗振玉为文哀挽外，清华研究院导师梁启超、陈寅恪，同事吴宓，学生王力、徐中舒、吴其昌、姚名达等，也都纷纷写诗文悼念这位杰出的国学大师。

9月28日，清华研究院导师梁启超手持鲜花，率该院新旧学生，前往王国维的墓地，置花墓前，叩首拜祭，痛哭不已。祭毕，发表《墓前演说》，指出王国维“在学问上的贡献，那不是为中国所有而是为全世界的”。

王国维一生淡泊名利，死后却受到如此尊敬，这确实是他生前所始料未及的。今天，在北京，王国维纪念碑已经重修，屹立于清华园内。其灵柩迁葬于福田公墓，并于1987年竖立新碑，由戴家祥撰《王国维先生墓碑记》，概述生平学业。在浙江海宁，“王国维纪念馆”已落成，并向中外游人开放。

王国维去世，距今已经九十余年。他的学术成就及其在国内外的重大影响，早有定论。而关于他的死因，则一直众说纷纭。不过所有这一切，王国维本人都已无法再为自己申辩什么。这一切，对他来讲并不重要。他去了，可最让他割舍不掉的是书，正像他生前说过的：“余毕生惟以书册为伴，故最爱而最难舍去者亦惟此耳。”

主要参考文献

[1] 陈鸿祥. 王国维年谱 [M]. 济南：齐鲁书社，1991.

[2] 孙敦恒. 王国维年谱新编 [M]. 北京：中国文史出版社，1991.

[3] 萧艾. 王国维评传 [M]. 杭州：浙江文艺出版社，1983.

[4] 刘烜. 王国维评传 [M]. 南昌：百花洲文艺出版社，1996.

[5] 王国维. 王国维遗书 [M]. 上海：上海书店，1996.

[6] 姚淦铭，王燕编. 王国维文集 [G]. 北京：中国文史出版社，1997.

[7] 王国维. 古史新证：王国维最后的讲义 [M]. 北京：清华大学出版社，1994.

[8] 王国维．王国维全集·书信［M］．北京：中华书局，1984．

[9] 王国维．王国维学术经典集［M］．南昌：江西人民出版社，1997．

[10] 佛雏．王国维诗学研究［M］．北京：北京大学出版社，1987．

[11] 叶嘉莹．王国维及其文学批评［M］．广州：广东人民出版社，1982．

[12] 吴泽主编．王国维学术研究论集［G］．上海：华东师范大学出版社，1987．

[13] 窦忠如．王国维传［M］．天津：百花文艺出版社，2007．

[14] 袁英光，刘寅生编．王国维年谱长编（1877—1927）［M］．天津：天津人民出版社，1996．

[15] 王国维．人间词话新注［M］．济南：齐鲁书社，1986．

[16] 王森然．近代二十家评传［M］．北京：书目文献出版社，1987．

[17] 雷绍锋．王国维读书生涯［M］．武汉：长江文艺出版社，1998．

[18] 王东明．读父亲王国维年谱有感［N］．中华读书报，1997-10-5．

后　记

2017年丁酉春节刚过，我便打点行李驱车从北京赶往杭州。这是我自离开母校山东大学参加工作后第一次变更自己的工作单位。与工作了二十余载的北京道别，有诸多不舍，而更让我割舍不掉的就是离我住处仅一墙之隔的清华园。每每徜徉在清华大学的王静安先生纪念碑周围，我总会心生诸多感慨。

在五十年的生涯中，王国维先生更换过许多研究领域，而在每一个研究领域中，先生都取得了一般人难以企及的成就。追随他的读书与治学之路，在某种程度上很容易让人有畏惧之感。诚如陈寅恪所言："先生之学博矣，精矣！几若无涯岸之可望，辙迹之可寻。"对于后学，我们可能在某个领域追赶他的脚步，却难以在所有领域中都可企望与之比肩。尽管时光荏苒、世事变迁，现代学术已经发生天翻地覆之变化，但先生所开创的学术之路仍可以"转移一时之风气而示来者以轨则也”。王国维先生何以在不算长寿的一生中取得如此高的成就，这对许多人来说都是一个谜。而更让人疑惑不解的，是他何以在年岁尚富的壮年便自沉昆明湖了结一生？对此，研究者众说纷纭，可能已很难找到一个确定的答案。

到达杭州稍作安顿后，我便迫不及待地赶往海宁。那是一个让我梦牵魂萦的地方，也是我追梦开始的地方，王国维的治学之路正是从这里启程的。多次想到拜谒王国维故居，却总是与之擦肩而过。此次终于有机会，心中竟有难以言表的兴奋。但真的来到故居前，兴奋之情很快冷静了下来。与海宁城北的陈氏宰相府第相比，偏于西南一隅的王国维故居的确显得冷清许多。这里所展示的图片资料，也都是我所熟知的。不过，重新回顾一遍他的人生足迹，我仍有许多新感受。

在清华国学院教职员名单中，王国维的名字赫然榜首，紧接其后的便是梁启超、赵元任、陈寅恪。清华学校给王国维的聘书中也赫然写明每月薪金银币四百元整。这与当时普通校工八元的月薪相比，简直是天文数字。那也是在知识贬值、斯文扫地的时代所无法想象的。

近年来，“国学热”日炙。如果我们愿意再次聆听国学大师王国维关于国学的见解时，或可让我们在热闹中得以保持某种冷静。王国维先生说：“学，无新旧也，无中西也，无有用无用也。凡立此名者，均不学之徒，即学焉而未知学者也。”他还说：“余谓中西二学，盛则俱盛，衰则俱衰，风气既开，互相推助。且居今日之世，讲今日之学，未有西学不兴，而中学能兴者；亦未有中学不兴，而西学能兴者。”近代以来，随着中外文化交往的日益密切，“以外来之观念与固有之材料相互参证”的跨文化阐释日益成为中国现代文学研究与批评的一个重要模式。如王国维的《〈红楼梦〉评论》《人间词话》等，就是跨文化阐释的典范之作。不少研究者对《〈红楼梦〉评论》颇多不满，认为王国维用叔本华的悲剧理论来解释中国的《红楼梦》是对中国文学经典的亵渎与消解。愚以为这种看法大可不必。用外来的理论和观念来解释我们自己的文学作品，最关键的是要看这种解释是否有利于加深和丰富对文学作品的理解。如果不利于理解和阐释文学作品，即使是采用本民族的理论也是不可取的；如果能够加深和丰富对此文学作品的理解，即使是外来的理论也不应该拒绝。所以，我们不能因为王国维采用了西方的理论来解读中国的文学作品就一概否认跨文化阐释的价值。相反，我们今天恰恰要发掘中国近现代以来这样的跨文化阐释的学术资源，来为今天我们向西方介绍、传播我们本民族的文化服务。因为文化传播要成功，首先是要让对方理解。那些采用了西方理论解释中国文学作品的学术资源，恰好可以方便西方读者的理解，恰好有益于光大和传播中国文化。

以上算作我的一点新感受。蒙党圣元先生厚谊，出版此书，以此塞责，不胜汗颜。怪之罪之，且听之任之。

是为记。

李庆本

2018年3月11日